実学一体

Management strategy theory

経営戦略論

田中 克昌

学文社

は じ め に

1. 本書の目的

　本書の目的は，経営戦略に関心のある経営者，企業で働く人たち，学生を対象に，実践的に学修する機会を提供することである。

　本書での企業の範囲は，独立行政法人などの公企業，株式会社や合同会社などの私企業，公私合同企業（公私混合企業），非営利法人や協同組合を含んでいる。本書において経営戦略とは，企業が持続的に競争優位を確立するために掲げる具体的な方針とする。経営戦略の主な役割には，企業にとっての長期的な方向性を示す，事業の競争優位性を確立する，従業員の意思決定の基準とするという役割がある。

　つまり，経営戦略は企業経営において，経営者や部門長が組織全体に進むべき方向性を明確に掲げた道標の役割を果たす。本書が経営戦略に関心のある方や，経営戦略を実際に策定し事業を展開する方にとって有効な道標になれば幸いである。

2. 本書の構成

　本書では，筆者の日本電気株式会社（NEC）での経営企画職・管理職としての勤務経験と，経営コンサルタントの国家資格である中小企業診断士としての企業に対する支援経験，そして博士（経営学）の学位取得者としての専門性を活かし，理論と実践を融合した現場で使える実学一体の経営戦略論を提供する。本書独自の試みとして本書は，経営戦略を策定するプロセスに沿って構成している（**図.1** 参照）。

　まず，企業の使命や存在意義をあらわすミッション（mission）を設定する。ミッションは経営理念や社是・社訓，近年ではパーパス（purpose）と呼ぶこともある。企業のミッションは経済的目的だけでなく，SDGs やカーボンニュー

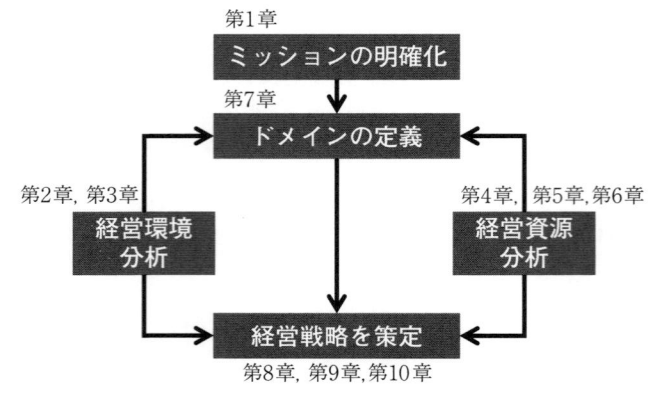

図.1　経営戦略の策定プロセス

出所：井上他（2023）をもとに筆者作成

トラル（carbon neutrality）など社会的目的にも向けられ，このミッションが経営戦略を方向付ける（第1章）。

　次にミッションを踏まえ，外部環境の分析を行う。外部環境とは市場や顧客を指す。経営戦略を策定するために市場動向や市場規模を確認し，そこに存在する競合企業について分析する。企業が経営戦略を策定する上で，外部環境の分析は，十分な市場規模を確保し，競合企業に対する競争優位を確保するために重要なプロセスである（第2章，第3章）。

　続いて内部環境を分析する。企業の内部環境とは，企業が保有する経営資源を指す。経営資源にはヒト，モノ，カネ，情報が含まれる。企業が経営戦略の策定にあたって自社の経営資源を理解しておくことは，経営戦略の実現性を高める上で重要である（第4章）。特に情報の領域では，経営におけるデジタル・トランスフォーメーションの実現が求められている（第5章）。自社の経営資源の理解には，損益計算書や貸借対照表等の企業会計の領域も欠かせない（第6章）。

　ミッションを明確にし，外部の経営環境と内部の経営資源を分析した上で，企業が競争する範囲であるドメイン（domain）を決定する。ドメインは企業が市場で競争優位を獲得する範囲を指す。ドメインは企業の事業成長に合わせて，

その範囲を変化させ再定義することができる（第7章）。

　企業がドメインを確定したら，ドメインの範囲で再び外部の経営環境と内部の経営資源の分析を行い，これにもとづいて経営戦略を策定する。

　経営戦略の策定にあたっても，他社のビジネスモデル（business model）を参考にした自社独自のビジネスシステム（business system）の構築（第8章）や，自社や外部の能力を活用したイノベーション（innovation）の実現（第9章），成長戦略・多角化戦略の策定，海外市場への拡大に向けたグローバル戦略の展開（第10章）により，持続可能な企業として経営戦略の策定を続ける。

　本書は，この経営戦略の策定プロセスに沿って論じることとする。また，本書にはこれまで筆者が執筆してきた原稿を集約し，教育面，研究面において現時点での集大成として書籍化する意欲も込めている。

　本書の実現にあたっては，書籍化をご提案いただいた学文社の田中千津子氏，師匠である井上善海先生，学術界においてご指導いただいている先生方，いつも私を支えてくれている家族に深く感謝したい。

　2025年4月吉日

田中　克昌

目　　次

第1章 ミッション

第1節 ミッションの明確化

1. ミッションとは

企業の経営戦略策定における最初の取り組みは，ミッション (mission) の明確化である。ミッションは日本語では使命とも表現できる。企業の経営戦略はミッションによって方向付けられる。

ミッションとは経営者の経営に対する考え方や信念であり，経営者の経営哲学として制度化され文章化され客観化されたものである。このミッションは企業の経営目的を企業の内外に伝えるために作成される。

本書における企業の範囲は，独立行政法人などの公企業 (第1セクター)，株式会社や合同会社などの私企業 (第2セクター)，公私合同企業，非営利法人や協同組合 (第3セクター) を含む。

つまり，企業が営利目的，非営利目的であることに関係なく，企業が経営戦略を策定し実行する上でミッションが重要な役割を果たす。企業の形態によってミッションは多様な呼称が用いられている。たとえば，ミッションは経営理念や企業理念，社是や社訓，とも呼ばれている。近年では，多くの企業が，社会との関係性を強調するため，パーパス (purpose，存在意義) を策定している。

特に日本の企業は経営理念を重視している。経営理念とは，経営者の思想・哲学をもとに，企業が何のために存在するのかを表明したものであり，社員全員で理解し共有すべき指針を明示した動機付け及びコミュニケーションのベースである (瀬戸, 2017)。なお，大学においても「建学の精神」という形で各大学がミッションを提示している。

8

2. ミッションの役割

　ミッションには，企業の内部（経営者，役員，従業員等）に向けた役割と，企業の外部に向けた役割がある。

　まず，企業内においては，ミッションにもとづき組織内で価値観を共有し，組織を一体化する役割がある。他にも，企業において経営判断をする場合や日常業務の意思決定を行う場合の指針となるという役割もある。

　企業の外部に向けては，自社の経営姿勢をステークホルダー（stakeholder, 利害関係者）や社会全体に表明し周知するという役割もある。そのため，ミッションは誰がどのような立場で読んでもわかりやすい明確な文言で表現する必要がある。ステークホルダーとは，企業に関連するすべての関係者を指す。たとえば，株主，顧客，社員，取引先（仕入先・販売先），社員の家族，地域の人々等がステークホルダーとしてあげられる。

　ミッションは，その企業の存在意義や成し遂げたいことの表明であるため，ステークホルダーがミッションに共感すれば，企業のファンづくりにもつながり，企業が永続する上での支持基盤にもなるという役割もある。

　こうした役割を期待し，企業は，ミッションを浸透させるために多様な取り組みを行っている。たとえば，教育（朝礼・研修等）の実施，メディア（社内外のWeb サイトへの掲載，社内誌，リーフレットの配布，カードへの印刷と常時携帯の義務付け等）の活用，制度化や組織化（委員会設置，評価制度等）の設置と施策実行によって浸透を図っている。

3. ミッションと階層

　ミッションにはこれを頂点とした階層がある。ミッションは最上位の位置付けにあり，企業の創業者や経営者の経営に対する考え方や信念をあらわす。

　その次の階層が価値観（value）である。企業のミッションにもとづき，企業で働く人が大切にする価値観をあらわしている。

　価値観を体現する階層が行動規範・行動指針（principal）である。行動規範や行動指針は企業内で求められる行動をあらわす。企業のミッションにもとづき，

企業が大切にする価値観が決まり，その価値観にもとづいて企業内での行動が決められるという構造となる。

　ビジョン（vision）は企業の将来像をあらわすものである。ただし，ビジョンは単に将来の姿を描くだけでなく，ミッションにもとづいた将来像である必要がある。優れたビジョンを描くためには，ミッションが明確になっている必要がある。ビジョンは単独で存在するのではなく，ミッションありきであることを認識する必要がある。

　ミッションの階層は企業のグループ構造にも関係がある。企業グループのトップにあたる企業が掲げるミッションは，グループ全体を網羅するミッションとなる。たとえば，「三菱三綱領」は三菱グループ全体のミッション（根本理念）として共有されグループ経営を支える最も重要なミッションとしての役割を果たしている。

　日本国内で活躍する外資系企業についても同様である。グループを統括する企業のミッションが最上位に位置付けられる。これに対応して，日本法人は独自のミッションを掲げることもあれば，価値観（value）だけを掲げることもある。

第2節　事業と社会的価値

1. 事業とは

　私企業だけでなく，公企業や公私合同企業，非営利企業であっても，事業を継続的に行うことが持続可能性を確保するために必要な条件となる。

　ドラッカー（Drucker, 1974）は事業について，顧客が財やサービスを購入することで満足させる欲求によって定義されるとした。

　事業には3つの要素が求められる。まずは顧客である。優れた製品を生み出しても，これを購入してくれる顧客がいなければ事業は成り立たない。

　次に製品やサービスである。企業は顧客を見定めた上で，顧客のニーズに合った製品やサービスを生み出し提供する。ちなみに，製品とは企業が自ら生み出し製造したモノを指し，商品とは製品やサービスを顧客に売れる状態にした

モノを指す。商品は自ら製造した製品だけでなく，他の企業から仕入れたモノも商品となる。

その上で，顧客に対して製品やサービスを適切な方法で提供（提供方法）する。提供方法については，実店舗でもオンラインショップでも構わない。顧客が製品やサービスを獲得する上で最適な方法で提供する。

つまり，企業にとって事業とは，誰に（顧客），何を（製品やサービス），どのように提供（提供方法）して，顧客から継続的に対価を得るための取り組みであると定義できる。

ただし，近年では，SDGs（Sustainable Development Goals, 持続可能な開発目標）に代表される社会的価値を向上させるため，企業は事業を通じて社会課題の解決に貢献することも重視されている。

2. CSR と CSV

野林（2024）は，企業において 1990 年代から 2010 年代に「ミッション・ビジョン・バリュー」が導入され，さらに 2010 年代にかけて CSR やサステナビリティに代表される社会性が強調されるようになったとしている。

企業は社会の一員として社会的責任を負う立場でもある。企業が持続可能な存在であるためには，経済的価値の追求と社会的価値の追求を両立する必要がある。

企業にとって経済的価値とは，市場のニーズに応えて創出した製品やサービスを提供する対価として財務上の利益（売上高や利益等）を得ることである。一方，企業にとっての社会的価値とは，社会のニーズ（社会課題）に応える製品やサービスを提供することで社会が便益を得る（社会課題の解決）ことを指す。

企業が社会に対する責任を負うという取り組みとして，CSR（Corporate Social Responsibility, 企業の社会的責任）がある。企業は事業の成長のために経済的価値の追求を優先し，安全面での欠陥や公害等の社会的価値を喪失することがある。CSR は，こうした事態を防ぐため，企業も社会の一員であることを自覚し，ステークホルダーに対して責任ある行動を取ることを求めるために提唱された。

企業は，事業で獲得した収益の一部を還元する形で社会に貢献する。

　このCSRに対する企業の取り組みを進化させた取り組みがCSV（Creating Shared Value, 共有価値の創造）である（Poter and Kramer, 2011）。CSVは，CSRでの企業の社会に対する貢献の在り方をさらに発展させた。CSVとは，企業が社会的価値と経済的価値の双方を発揮し，社会が課題を抱える領域に資源や能力を戦略的に投資し，企業の本業によって社会課題を解決する取り組みである。企業はCSVに取り組むことで，企業として持続可能性を獲得すると同時に，社会課題解決に向けて新たな市場も創造できる。

3. SDGs への進展

　SDGs（Sustainable Development Goals, 持続可能な開発目標）は，2015年9月の国連の持続可能な開発サミットにおいて，当時の国連加盟193か国が2016年から2030年の15年間で達成するために採択された行動計画である。SDGsは，2030年に向けた17の目標と，それを達成するための具体的な169のターゲットによって構成される。

　SDGsの採択文書の正式なタイトルは「Transforming Our World（我々の世界を変革する）The 2030 Agenda for Sustainable Development（持続可能な開発のための2030アジェンダ）」であり，行動計画に沿って目標を達成することでより良い世界に変革することを目的としている（United Nations, 2015）。

　実は，SDGsの前には，MDGs（Millennium Development Goals, ミレニアム開発目標）があり，2000年から2015年にかけて達成するための8つの目標と具体的な21のターゲットと60の指標を設定していた。しかし，SDGsと比較すると知名度は低く，世界に普及し浸透することはなかった。

　その違いは，2つあると考えられる。1つは，ステークホルダーの巻き込み方である。MDGsは，国連が中心となって活動し，加盟国も国連関係者が目標の達成に向けて尽力した。結果としてMDGsは国連関係者以外には認知されなかった。

　これを受けて国連は，SDGsにおいて国連関係者以外のより広域のステーク

ホルダーを巻き込んだ。SDGs の目標を途上国や先進国に関わらず，すべての国を包括するように設定し，目標の内容も貧困や気候変動だけでなく，経済成長やイノベーションという企業活動も包含した。

その結果，SDGs は国連から各国に広がり，各国において政府機関や，企業，団体まで認知され，普及することができた。日本においても，経団連（日本経済団体連合会）が「企業行動憲章」に SDGs の理念を取り入れた改訂を実施することで，日本の企業にも SDGs が一気に普及した。

もう 1 つの違いは目標の設定方法である。MDGs は現状の課題から目標への取り組みを積み上げるフォアキャスティング（forecasting）の方式を採用した。しかし，SDGs は 2030 年のあるべき姿を先に設定し，ありたい姿から逆算するというバックキャスティング（backcasting）方式を採用することで，2030 年までに目標を達成しなければならないという危機感がステークホルダーに共有され，行動につながるという効果が得られている。

第 3 節　事業コンセプト

1. 事業コンセプトとは

企業にとってミッションは決定後，大きな経営環境の変化がない限り，変えることはない。その代わり，企業のビジョンは，ミッションをベースに将来像を明確にし，企業の中期経営計画の策定時期に合わせて再定義する。

企業はミッションをベースに，ビジョンで将来の企業のあるべき姿を見据えながら事業継続を図る。その際，特定の事業を対象に事業コンセプトを作成する。

事業コンセプトとは，事業レベルでミッションの役割を果たす企業の事業方針である。事業コンセプトの「コンセプト」という用語には，事業に対する構想という意味がある。ただし，事業コンセプトの前提としては，企業自身のミッションにもとづいていることが求められる。企業が自社のミッションとは逸脱した事業コンセプトを定義した場合，その事業は一見，優れた独自性の高い事業であっても，社内外に不協和音をもたらす。そうなれば，社内外からの協

力や賛同を得られない。

　そのため，企業が新事業の事業コンセプトを定義する際には，自社のミッションやパーパスについて認識を深め，これに沿った内容であることを確認する必要がある。

2.　事業コンセプトの定義

　企業は事業コンセプトを定義するため，「誰に」「何を」「どのように提供するか」という3つの要素を明確にする必要がある。

2-1.　顧客 (誰に)

　「誰に」は事業が対象とする市場と顧客層を指す。事業コンセプトの定義においては，市場や顧客を特定する目的で市場の細分化やセグメンテーション (segmentation) やターゲティング (targeting) を行う。

　ただし，「誰に」の領域は企業自身ではコントロールしにくい領域であることを認識する必要がある。顧客は企業に対して必ずしも本心を教えてくれるとは限らず，真のニーズを見極めることは難しい。また，顧客自身が自らのニーズに気づいていないこともある。

　企業が事業コンセプトを実行する上で，ターゲットとなる顧客や市場が明確でないと有効なビジネスモデルを構築できない。企業はビジネスモデルの検討において，まずターゲットを明確にする必要がある。

　企業が事業コンセプトを実現するためのターゲットは，特定のユーザーを明示することから始める。企業の製品やサービスが特定のユーザーに浸透したことが確認できたら，次に特定の地域へと拡大する。特定の地域に浸透した後は，特定の国，さらに世界へとターゲットを拡大する。

　顧客については第2章で詳述し，ビジネスモデルについては第8章で詳述する。

2-2.　製品・サービス (何を)

　「何を」は顧客に提供する製品 (商品) やサービスを指す。「製品」は自社で

製造・加工する場合に使い，「商品」は他の企業から仕入れたものも含め，顧客に販売する状態にある場合に使う。事業コンセプトの定義において，どのような商品やサービスを取り扱うのかは重要な要素である。

　企業が事業を立ち上げる場合，事業コンセプトは，一旦，定義を行っても変更は可能である。むしろ，新事業の立ち上げ段階において事業コンセプトは仮説に過ぎず，市場での修正と検証を繰り返す必要がある。企業が市場において素早いプロセスで検証を繰り返し，新事業の成功率を高める手法がリーン・スタートアップ（lean startup）である（**図 1-1**）。

　リーン・スタートアップでは構築（build），計測（measure），学習（learn）というプロセスを繰り返し行い，低コストかつ最小限の試作品やサービスを早期の段階から市場に投入し，顧客の反応をフィードバックして，早期にピボット（pivot，方向転換）を行って改善を続け，市場での仮説検証を踏まえて本格展開するという開発方法を実施する。企業はリーン・スタートアップを採用することで，事業コンセプトを再定義し，その精度を高めることができる。

　特に「何を（製品やサービス）」の領域は，企業が持つ真の強みであるコア・コンピタンス（core competence）を活かすことができるため，顧客とは異なり

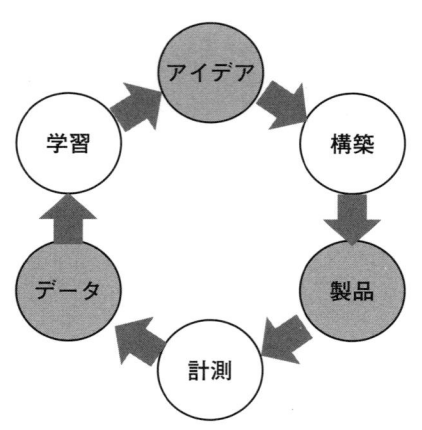

図 1-1　リーン・スタートアップのプロセス
出所：Ries（2011）より筆者作成

自社でコントロールがしやすい領域である。コア・コンピタンスについては第4章で詳述する。

2-3. チャネル（どのように提供するか）

「どのように提供するか」については，企業が顧客に製品やサービスを提供するために最適なチャネル（channel）を設定する。チャネルとは顧客に製品やサービスを届けるための経路である。

製品やサービスの特徴として，口頭での説明等，顧客とコミュニケーションを取って販売することが有効である場合には店舗というチャネルを選択する。

たとえば，丸亀製麺は飲食店として実店舗での販売に集中し，実店舗においても食券機やタッチパネルによる注文システムをあえて採用せず，店員が顧客と直接コミュニケーションを取って注文する方法にこだわることでチャネルを最大限に有効活用している。

一方，顧客とのコミュニケーションがなくても販売ができる製品やサービスについてはオンラインショップをチャネルとして選択して販売する。

現時点において先進のチャネルとして，OMO（Online Merges with Offline）への取り組みが進展している。OMOとは実店舗とオンラインショップを融合し，顧客が製品やサービスから得られる体験や経験を重視するマーケティングの手法である。OMOを採用する企業は顧客の購買行動に関するデータを蓄積し活用することで，あらゆるチャネルにおいて購買につながる体験へと誘導する。

3. 事業コンセプトの牽引力

ミッションは企業の精神的支柱になり，事業コンセプトは企業の成長ドライバーとしての牽引力がある。

たとえば，日立製作所には変わらぬミッションとして「企業理念（優れた自主技術・製品の開発を通じて社会に貢献する）」がある。

一方，2009年度に発表して以来，掲げ続けている事業コンセプトとして「社会イノベーション事業への集中」もある。同社は，2008年度に過去最大の赤

字（当期純損失）を出した後，経営陣を一新し，業績回復を目指して新たな経営戦略を策定した。そして，新たな経営戦略とともに掲げた事業コンセプトが「社会イノベーション事業への集中」であった。

　当時，代表執行役会長兼執行役社長を務めた川村氏 (2021) によると「社会イノベーション事業」とは，当時の経営陣が考案した造語であり，電力や交通などの社会インフラをシステムごと請け負う B2B (Business to Business，企業間取引) ビジネスを網羅するキーフレーズである。この「社会イノベーション事業」という事業コンセプトには，IT と社会インフラの両方を合わせた日立製作所ならではの強み（コア・コンピタンス）が込められている。

　川村 (2021) は，「社会イノベーション事業への集中」という事業コンセプトにそれまでの総合電機メーカーから脱却し，社会イノベーション事業を主業とする企業としての再スタートという意味を込めた。

　日立製作所は，「社会イノベーション事業」という事業コンセプトをもとに経営戦略を実行し，当該事業に合致する上場していたグループ企業の株式を買い戻し，日立製作所グループを再構成した。

　結果として，日立製作所は業績の V 字回復を果たしただけでなく，その後も「社会イノベーション事業」に集中を続けた結果，2020 年代に入っても 3 期連続過去最高益を達成する等，経営者が先頭に立った事業コンセプトの牽引力が日立製作所の成長と安定化を実現した。

　このように，不動不変のミッションと密接に紐づいた事業コンセプトには，企業活動自体を革新し，再生し，再成長させる力がある。

【参考文献】

Drucker, P. F. (1974) *Management*, Harper & Row Publishers.（野田一夫・村上恒夫監訳『マネジメント（上）（下）』ダイヤモンド社，1974 年。）

Porter, M. E., M. R. Kramer (2006) Strategy and Society, *Harvard Business Review, December*.（村井裕訳「競争優位の CSR 戦略」『ダイヤモンド・ハーバード・ビジネス・レビュー』33-1：36-52，ダイヤモンド社，2008 年。）

Porter, M. E. and M. R. Kramer (2011) Creating Shared Value, *Harvard Busi-*

ness Review, January. pp.62-77.（編集部訳「共通価値の戦略」『ダイヤモンド・ハーバード・ビジネス・レビュー』36-6, pp.8-31, ダイヤモンド社, 2011。）

Ries, E.（2011）*THE LEAN STARTUP*, Fletcher & Company.（井口耕二訳『リーン・スタートアップ』日経BP社, 2012年。）

United Nations（2015）*Transforming our world: the 2030 Agenda for Sustainable Development.*

井上善海・大杉奉代・森宗一 編著（2022）『経営戦略入門（第2版）』中央経済社。

岡田正大（2015）「新たな企業観の行方：CSVは企業の競争優位につながるか」『ダイヤモンド・ハーバード・ビジネス・レビュー』40-1, pp.38-53, ダイヤモンド社。

川村隆（2021）『ザ・ラストマン 日立グループのV字回復を導いた「やり抜く力」』KADOKAWA。

瀬戸正則（2017）『戦略的経営理念論 ―人と組織を活かす理念の浸透プロセス―』中央経済社。

名和高司（2021）『パーパス経営：30年先の視点から現在を捉える』東洋経済新報社。

野林晴彦（2024）『日本における経営理念の歴史的変遷：経営理念からパーパスまで』中央経済社。

森本三男（1994）『企業社会責任の経営学的研究』白桃書房。

第2章　経営環境

第1節　経営環境とは

1. 経営環境と市場

　企業が事業を遂行しステークホルダーに囲まれた環境が経営環境であり，企業が実際に事業活動を行う領域が市場（market）である。企業は自社が活躍できる市場を見付け，市場に製品やサービスを投入することで売上高や利益を獲得する。

　企業は，経営環境において競争優位を獲得するために適切な市場や顧客を選定する。企業が適切な市場や顧客を選定する活動がターゲッティング（targeting）であり，そのターゲットとなる市場が標的市場（target market）である。企業が標的市場を定め，自社の経営資源を集中して投入する事業の範囲がドメイン（domain）である。ドメインについては第7章で扱う。

　標的市場には，顧客（customer）が存在する必要がある。企業が製品やサービスに合わせて市場を想定しても，そこに顧客がいなければ販売できず売上高や利益を獲得できない。

　戦略（strategy）という用語は，もともと軍事用語から派生しており，軍事上では国と国が戦うための戦略を指す。しかし，企業の経営戦略においては，企業と企業が直接戦うことはない。企業は，他の企業と市場において顧客を獲得するために競争し合っている。こうした企業間の競争に関する戦略を，競争戦略と呼ぶ。競争戦略とこれに関連するフレームワークについては，第3章で扱う。

2. 顧客とは

　ドラッカー (1974) は，企業の目的は顧客を創造することであると述べた。企業は経営環境及び市場においてステークホルダーに囲まれている。ステークホルダーとは企業に関連する株主，顧客，社員，取引先（仕入先・販売先），社員の家族，地域の人々等のすべての関係者を指す。このステークホルダーの中で唯一，利益をもたらしてくれる存在が顧客である。企業は標的市場から競合企業よりも多くの顧客を獲得しようと努める。

　企業は，顧客のニーズに応えるために奔走する。しかし，顧客が考えていることをすべて知ることは困難である。そこで，企業は標的市場におけるマーケティング (marketing) 戦略を練り，マーケティング活動を行い，顧客の情報を集めて顧客データを分析することで顧客のニーズを理解し，製品やサービスに反映することで顧客の期待に応え，結果として製品やサービスの販売につなげ，売上高や利益を得ることを目指す。

　ただし，企業が懸命にマーケティング活動を行っても，顧客は本心を明かさない場合や，そもそも顧客が自らのニーズに気づいていないこともある。かつて顧客であった対象が変化し，顧客ではなくなることもある。つまり，企業がいかなるマーケティング手法を駆使しても，顧客を完全に理解しコントロールすることは困難であることを認識しておく必要がある。

3. 3C 分析

　企業が経営環境を把握するために，自社を含めたステークホルダーを 3 つの視点から分析する取り組みを 3C 分析と呼ぶ（図 2-1）。

　3C とは Customer（顧客・市場），Competitor（競合企業），Company（自社）の 3 つの要素を指す。

　企業は，3C 分析を通じて，市場の変化を的確に捉え，顧客のニーズを汲み取り，競合企業と差別化する取り組みを模索し，自社の強みを活かすことができる事業機会を探索する。

　ただし，企業は，顧客や市場，競合企業ともに自社ではコントロールできな

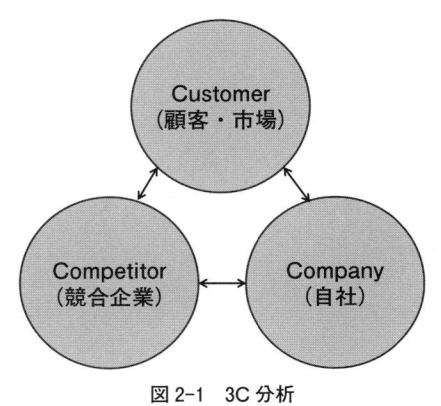

図2-1　3C分析

出所：筆者作成

い対象であるため，予期せぬ変化に俊敏に対応できるよう，自社の体制を整えておくことが求められる。

第2節　マクロ環境

1. ミクロ環境とマクロ環境

　企業の経営環境を分析する視点には，ミクロ環境とマクロ環境がある。

　ミクロ環境は，企業が直接的に関わることで影響をもたらすことができる経営環境である。前節の3C分析で見たようにミクロ環境においては，企業は自らの取り組みによって，市場や顧客，競合企業に働き掛け，市場創造や競争優位性の確保を実現できる。企業は短期的（1〜3年程度）な視点において直接的な成果が得られるため，ミクロ環境を重視した経営戦略を推進することになる。

　一方，マクロ環境は，企業に関連する市場以外も含む広域な環境であり，企業が間接的に影響を受ける経営環境である。マクロ環境は対象が広範であるため，企業が直接的に影響をもたらし，コントロールすることはできない。ただし，企業はマクロ環境において常に影響を受け続ける。そこで，経営者は中期（3〜5年），長期（10年）の視点を持ち，マクロ環境を前提とした中期経営計画

等の中長期的な経営戦略の立案を求められることになる。

2. マクロ環境の4領域

　マクロ環境には，主に4つの領域があり，これらを分析することをPEST分析と呼ぶ。PESTとは，政治（Politics），経済（Economy），社会（Society），技術（Technology）の頭文字を取っている。

2-1. 政治環境

　企業は，政府の産業政策から影響を受ける。産業政策の例としては，市場の失敗の回避がある。市場の失敗とは，市場において資源が最適に配分される需要と供給のバランス（市場のメカニズム）が崩れる現象を指す。市場の失敗の例としては，独占や寡占によって正常な競争が行われず，特定の市場で価格がつり上がってしまう事象や，製品の過剰生産により公害を発生させる外部不経済，売り手と買い手の間での情報の差により適正な価格での取引ができなくなる情報の非対称性などがある。

　また，政府による規制も企業に大きな影響をもたらす。経済関連の規制では輸入（輸出）規制や価格規制，社会関連の規制では，環境規制，交通規制，資格規制などがある。

2-2. 経済環境

（1）為替レート

　企業は，経済環境によっても影響を受ける。近年，経営に大きな影響をもたらしている要因が為替レートの変化である。為替レートとは外国の通貨との交換比率である。日本円を基準とした場合，円の価値が上がれば円高，円の価値が下がれば円安となる。米国ドルを基準とした場合も，ドルの価値が上がればドル高，ドルの価値が下がるならばドル安となる。

　為替レートの変動は，製品の価格にも影響する。たとえば，iPhoneの基本モデルの価格はiPhone12から16まで5世代にわたり，米国市場では$799に

据え置かれている。ところが，円安が継続する日本では，iPhone12 は 85,800 円であったが，iPhone16 では 12 万 4,800 円まで上昇している。

　また，円安の場合，海外からの需要（外需）に対応する輸出中心の企業（自動車メーカー等）は有利になるが，国内の需要（内需）に対応する輸入中心の企業（100 円ショップ等）は不利になる。

(2)　金利

　銀行の預金や借入の利子率である金利も，経営環境に影響をもたらす。高金利の場合，市場に供給されるお金の量である貨幣供給量（マネーサプライ（money supply））が減少し貨幣の価値が上昇するため，物価が下がるデフレーション（deflation）となる。逆に低金利の場合，マネーサプライが増加し貨幣の価値が下がるため，物価が上昇するインフレーション（inflation）となる。

(3)　景気

　企業は，景気からも影響をうける。景気を反映する指標の 1 つに株価がある。株価とは証券取引所で売買される株式の価格である。株価が高ければ景気が良く，株価が低ければ景気が悪いと判断される。

　政府の指標によっても，景気は判断できる。日本銀行は，日銀短観（全国企業短期経済観測調査）を年 4 回，定期的に調査している。日銀短観は，調査対象企業が約 1 万社と多く，調査形式も長期間にわたりほぼ同じ方法で行われ，99 ％という高い回答率を誇るため，日本の景気を知る上では最良のデータである。

　特に日銀短観の業況判断 DI（Diffusion Index）は，企業の現状や先行きに関する景気判断を企業の規模（大企業，中堅企業，中小企業）や業種別（製造業，非製造業，金融機関に属する各業種）で統計調査し公表しており，日本における企業の景気を的確に認識できる（日本銀行, 2024）。

　また，内閣府が実施する景気ウォッチャー調査は，毎月 25 日にオンライン調査が行われ，日本全国の地域や小売店，飲食，サービス，住宅業界等の景気に敏感な業種の企業を調査することで，景気の現状判断や地域別の動向を把握

することができる。

2-3. 社会環境

(1) データと社会環境

　企業は社会の動向を認識するため，顧客を区分する変数（セグメンテーション変数，segmentation variables）をもとにデータを収集し活用している。デジタル技術の進化により，顧客属性のデータは，コンビニエンスストアやドラッグストア，オンラインショップなどの小売業に集まるようになった。そのため，情報強者となった小売業の企業は，直接的な顧客データを持っていない製造業の企業と連携し，顧客データを活用した共同開発製品を生み出すようになっている。

① 地理的（geographic）変数セグメンテーション

　地理的変数によるセグメンテーションとは，地理的な条件で顧客を分類する方法である。企業は顧客に関して，地方，気候，人口密度，都市化の進展度，顧客の行動範囲等に関する属性データを収集し整理することで，「顧客がいつ，どこに存在しているか」という属性データを事業に活用できる。

② 人口動態（demographic）変数セグメンテーション

　人口動態変数によるセグメンテーションとは，人口統計にもとづいて顧客を分類する方法である。企業は顧客の年齢，性別，家族構成，所得水準，職業，学歴，宗教，人種，国籍等に関する属性データを収集し整理することで，顧客の特徴を理解し，事業に活用できる。

③ 心理的（psychographic）変数セグメンテーション

　心理的変数によるセグメンテーションとは，顧客の心理的な好みに応じて分類する方法である。企業は顧客のライフスタイル，趣味，性格，価値観，購買動機等に関する属性データを収集し整理することで，顧客の心理的な好みに訴えかける形で事業に活用できる。

④ 行動 (behavioral) 変数セグメンテーション

　行動変数によるセグメンテーションとは，製品に対する知識や態度で顧客を分類する方法である。企業は顧客の購買経験，使用頻度，購買パターン，返品の際の態度等に関する属性データを収集し整理することで，事業に顧客の行動パターンを活用できる。

　たとえば，スターバックス (Starbucks) は，日本市場で，顧客にスマートフォン向けのアプリケーションを提供し，Starbucks Card という電子マネーや，モバイルオーダーシステム，日本全国の店舗が連携した来店メダルの配布や，日本地図を利用した訪問地域の表示等を展開している。スターバックスは顧客の情報と先進のデジタル技術を組み合わせることで，顧客の利便性を向上し，顧客体験の価値を最大化する効果を生み出している。

(2) 予期できない社会環境

　社会環境は，データだけでは測れない。現代は，VUCA の時代とも言われる。VUCA とは変動性 (Volatility)，不確実性 (Uncertainty)，複雑性 (Complexity)，曖昧性 (Ambiguity) の頭文字1文字を取ったもので，社会の不確実性が高く，将来の予測が困難な環境をあらわしている。

　また，予期しない社会環境の変化をあらわすブラックスワン (Black Swan) 事象という言葉もある。ブラックスワン事象とは世界に大きなインパクトをもたらすが，誰も事前に予測できないレベルの事象を指す金融用語である。たとえば，全世界を襲った新型コロナウイルスや突然発生し進路が読めない台風，突然襲い掛かる大震災等がブラックスワン事象の代表例である。

　なお，大きなインパクトはあるが，事前に発生が予測できる事象をグレイスワン事象と称する。グレイスワン事象には毎年発生するインフルエンザ，事前に発表された消費税率の引き上げ等が該当する。

　こうした用語が経営環境で使用される背景には，激しい気候変動等，過去のデータの活用だけでは経営判断が困難となった現在や将来の経営環境に対する経営者の危機感がある。

2-4. 技術環境

　企業を取り巻く技術環境は，常に変化している。企業の経営環境における技術的な進化としては，大量生産を実現した機械化による製造設備の進化，職場環境の効率化を目的とした IT (Information Technology) 導入による労働生産性の向上等がある。

　さらに，企業は職場環境の効率化にとどまらず，デジタルを本業の強化に活用することでビジネスモデルを変革し，競争優位性を獲得する手段としている（DX 戦略については，第 5 章を参照）。

　特に近年では，競争力の源泉を半導体設計力に求めており，多様な業種・業態の大手企業（スマートフォンメーカー，データセンター，インターネット広告，自動車メーカー，AI ソフトウェア他）が自ら半導体製品を設計して競争優位の獲得を図っている。

　たとえば，日本で先端半導体の国産化を目指して設立されたラピダスには，トヨタ自動車，デンソー，NTT，ソフトバンク，ソニー，NEC，キオクシア，三菱 UFJ 銀行他が業種・業態の枠を超えて出資をし，先端半導体分野での競争力強化と経済安全保障面での体制強化を目指している。

第 3 節　カーボンニュートラル

1. カーボンニュートラルとは

　マクロ環境分析である PEST 分析では従来，自然環境は強調されていなかった。しかし，日本に限らず世界中で発生している豪雨災害に代表されるように，水害や地震等の自然環境は企業の経営戦略において重大な影響をもたらす要素となった。

　2020 年 12 月，国連のグテーレス国連事務総長は 2050 年までのカーボンニュートラル（carbon neutrality）の実現は，世界で最も急務なミッションであると訴えた（United Nations, 2020）。同年，日本政府も 2050 年までにカーボンニュートラルを実現するという宣言を行っている（内閣官房, 2020）。

　カーボンニュートラルとは，温室効果ガス（greenhouse gas）の排出量を地球による吸収量と等しくするまで削減することを目指す取り組みである。ビニールハウスを英語では「Green House」と表記するため，二酸化炭素などの温室効果ガスが，ビニール・シートと同じように，太陽からの照射エネルギー（波長の短い紫外線や光線）は通過させるが，地面からの輻射エネルギー（波長の長い赤外線）は通過させず，ビニールハウスのように大気の温度が上昇する現象が発生することを温室効果（Greenhouse Effect）と表現する。なお，温室効果ガスのうち約 9 割を二酸化炭素が占めている（国立環境研究所, 2024）。

　温室効果ガスはフロー（flow）とストック（stock）により循環する。フローでは温室効果ガスを人間が排出し，森林等が吸収するという流れが生じる。一方，ストックでは温室効果ガスが大気中や海等に蓄積される。

　温室効果ガスの蓄積量の増加により，気候変動が加速し，2023 年 7 月，国連のグテーレス事務総長が記者会見で地球温暖化（global warming）を越えて，地球沸騰化（global boiling）という言葉を使用するに至っている（United Nations, 2023）。結果として，地球沸騰化に至る地球の大気温の上昇が，企業の経営戦略にリスクをもたらしている。

2.　カーボンニュートラルと経営戦略

　企業にとっては，ミッションに環境への貢献が含まれていない場合，直接的にカーボンニュートラルに貢献する意欲が湧きにくい。

　しかし近年，カーボンニュートラルに関連する取り組みが企業の経営戦略に影響をもたらしている。企業は財務報告における非財務情報としてサステナビリティ（sustainability）情報を盛り込むことが求められるようになった。サステナビリティには，気候変動とともにダイバーシティ（diversity, 多様性）等の企業の人材に関する情報が含まれる。

　気候変動に関する代表的な指標に GHG プロトコル（Green House Gas protocol）がある。GHG プロトコルには，3 つのスコープがあり，自社の事業からの温室効果ガスの排出量として，スコープ 1（自社の直接排出量：燃料の燃焼），スコー

プ2（自社の間接排出量：電気の使用）がある。

　また，自社以外のステークホルダーにおける温室効果ガスの排出量も計測・公表を求められ，スコープ3（自社以外のサプライチェーン全体の排出量）も設定されている（WRI／WBCSD, 2013）。GHGプロトコルは，温室効果ガスの排出量の算定と報告に関するデファクト・スタンダードとなっている。

　スコープ3は9つのカテゴリーから構成され，業種によってカテゴリーごとに占める温室効果ガスの排出量の割合が異なる（**表2-1**）。

　企業は，サプライチェーンを統括する企業におけるスコープ3の各カテゴリーの割合の違いが，温室効果ガスの排出量に対する取り組みの要求の変化につながるという影響を招くということを認識する必要がある。

　一般的には，企業に直接関わるスコープ1とスコープ2よりも，サプライチェーン全体を網羅するスコープ3の割合が大きい傾向にある。さらにスコープ3の中でも，カテゴリー1（購入した製品・サービス）とカテゴリー11（販売した製

表2-1　GHGプロトコル・スコープ3における9つのカテゴリー

カテゴリー	内容
1	購入した製品・サービス
2	資本財
3	Scope1・2に含まれない燃料及びエネルギー関連の活動
4	上流の輸送，流通
5	事業において発生した廃棄物
6	出張
7	従業員の通勤
8	上流のリース資産
9	下流の輸送，流通
10	販売した製品の加工
11	販売した製品の使用
12	販売した製品の使用後処理（廃棄）
13	下流のリース資産
14	フランチャイズ
15	投資

出所：WRI／WBCSD（2013）より筆者作成

品の資料）のどちらかが企業の温室効果ガスの排出量の大半を占める場合が多い。

　スコープ 3・カテゴリー 1 の割合が多い場合には，サプライチェーンを統括する企業から取引先企業への温室効果ガスの排出量の削減圧力が大きくなる一方，スコープ 3・カテゴリー 11 の割合が多い場合には，サプライチェーンを統括する企業自身の製品やサービスにおける温室効果ガスの排出量の削減努力に集中する傾向がある（Tanaka, 2024）。

3.　事業継続計画

　企業は突然の自然災害に備え，事業継続計画（Business Continuity Plan, 以下，BCP）を策定する必要がある。BCP では災害による損害を最小限にとどめるとともに，事業の継続や早期復旧を実現するため，平常時に行っておく活動や，緊急時における事業継続の方法や手段を取り決めておく。

　BCP の策定において重要な点は，優先して継続し復旧する中核事業を特定することである。優先順位の高い事業は復旧までの目標時間も定めておく。顧客に対しては緊急時のサービス提供レベルもあらかじめ協議する。事業拠点や生産設備，取引先からの調達については緊急時の代替案を定めておく。そして，こうした BCP の内容や対応プロセスを従業員に普段から周知しておくことが重要である。

　なお，現在では自然災害に加えて，外部からのサイバー攻撃も企業の事業継続に対するリスクとなっている。企業は事業継続のためにサイバーセキュリティ対策も事前に備える必要がある。

【参考文献】

Drucker, P. F. (1974) *Management*, Harper & Row Publishers.（野田一夫・村上恒夫監訳『マネジメント（上）（下）』ダイヤモンド社，1974 年。）

Katsumasa Tanaka (2024) Green Transformation and Punishment in the Machinery Manufacturers: Focus on the Supply Chain of Taiwan's IT Industry, *International Journal of Organizational Innovation* 17(2)：50-60.

United Nations (2020) *Carbon neutrality by 2050: the world's most urgent mission by António Guterres*, 11 Dec.

United Nations (2023) *Press Conference by Secretary-General António Guterres at United Nations Headquarters*, 27 July.

World Resources Institute & World Business Council for Sustainable Development (WRI/WBCSD) (2013) *GHG protocol Technical Guidance for Calculating Scope 3 Emissions – Supplement to the Corporate Value Chain (Scope 3)*, Accounting & Reporting Accounting & Reporting Standard.

井上善海・黒澤佳子・田中克昌編著 (2024)『事業創造入門』中央経済社。

国立環境研究所 (2024)『日本国温室効果ガスインベントリ報告書 2024』。

中小企業庁 (2012)『中小企業 BCP 策定運用指針 (第 2 版)』。

内閣官房 (2020)『2050 年カーボンニュートラルに伴うグリーン成長戦略』。

日本銀行 (2024)「『短観 (全国企業短期経済観測調査)』の解説」。

讀賣新聞 (2024)「ラピダスにトヨタとデンソーが追加出資へ，1000 億円調達にめど　既存株主 8 社の足並みそろう」(2024 年 10 月 18 日朝刊)。

第3章　競争戦略

第1節　3つの基本戦略

1. 経営学と競争戦略

経営学は，1900年頃，実務家であるテイラー（Taylor, F. W.）や，経営者であるフォード（Ford, H.）やファヨール（Fayol, J. H.）による合理性や効率性を追求する学問として誕生した。

1920年代には，メイヨー（Mayo, G. E.）やレスリスバーガー（Roethlisberger, F. J.）が，企業の成果は従業員の人間性を重視することで高まるという人間性に着目した研究を発表した。この時期，シュンペーター（Schumpeter, J. A.）が企業には非連続的な革新である新結合（new combination）が重要と指摘し，後にイノベーション（innovation）と言われるようになった。1930年代以降，イノベーションは経営戦略には欠かせない要素となった。

1940年代には，企業における人間の集まりである組織について注目が集まり，バーナード（Barnard, C. I.）やサイモン（Simon, H. A.）が，企業が適切なシステムを構築することで有機的で効率的な事業活動が展開できるとした。

1960年代には，ローレンス（Lawrence, P.）とローシュ（Loasch, J.）が，企業の置かれた環境の多様性に着目し，企業が条件に適切に適応することが重要であるとされた。この時代までは，産業革命以降，生産設備の機械化と需要の増加が相乗効果を生み出し，大量生産を追求するほど収益が拡大した。

しかし1970～80年代にかけて高度経済成長が終わり，アメリカ市場を中心に市場が飽和する中，企業が自ら市場を創造し成長する戦略（成長戦略）を模索する中で，他社との競争に打ち勝つ必要性が生じたことから，競争戦略が重視

されることになった。

2. 3つの基本戦略とは

　ポーター（Poter）は，企業の競争戦略について「3つの基本戦略（3 generic strategy）」を提唱した。3つの基本戦略のもとで企業は2つの視点から戦略を考える（**図3-1**）。

　1つ目の視点は，ターゲットの幅である。企業は，経営戦略を実践する対象市場を業界全体に広げるか，特定の業界に絞り込むか，について選定する。業界全体を選択する企業は主に大企業であり，特定の業界に絞り込む場合は主に中小企業となる。

　2つめの視点は，競争優位性のタイプである。企業は他社よりも低いコスト（cost，費用）で事業を運営することで競争優位性を持つか，顧客が認める他社との違い，つまり差別化要素を獲得することで競争優位性を保持するか，について選択する。この2つの視点をまとめたフレームワークが「3つの基本戦略」である。

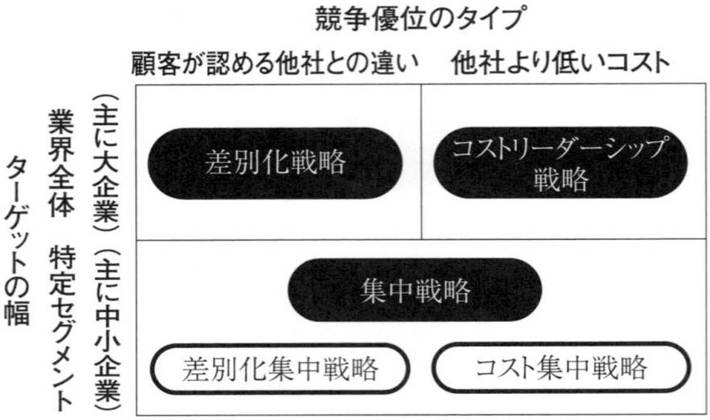

図3-1　3つの基本戦略

出所：ポーター（1980）をもとに筆者作成

3. 3つの基本戦略の類型

3-1. コストリーダーシップ戦略

(1) 低コストでの事業運営

コストリーダーシップ戦略のターゲットは業界全体であり，主に大企業が採用する戦略である。競合企業と比較して低いコストで製品を提供できることに強みがある企業の戦略であり，低価格で販売する戦略ではないことに注意する必要がある。

事例としては，余剰の在庫を持たずに生産するトヨタ自動車のかんばん生産方式，製造から販売まですべての工程を一貫して行うファーストリテイリング（ユニクロ等）の SPA（Speciality store retailer of Private label Apparel，製造小売業）モデル，自社の大規模データセンターを活かしクラウドサービスを提供するAWS（Amazon Web Services）が該当する。

(2) 規模の経済

企業が，低コストの事業運営を実現する上で2つの効果が関係する。

1つ目は，規模の経済である。規模の経済とは，企業が大量生産することで製品1個あたりの固定費用の割合が薄まるという効果である（**図3-2**）。

なお，固定費用とは企業の活動において生産数量や販売数量の増減に関わらず一定にかかる費用のことである。ただし，生産量が一定量まで増えると規模の経済の効果が得られるが，生産量を増やし過ぎると過剰な在庫を抱えること

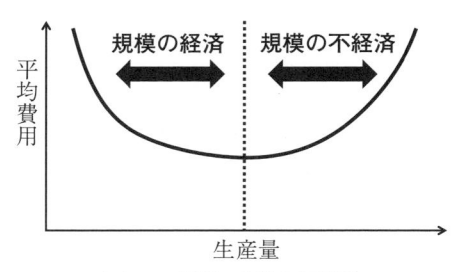

図3-2　規模の経済と不経済

出所：筆者作成

34

になり，余計なコストがかかることでかえってマイナスの効果（規模の不経済）
を招くことも認識しておく必要がある。

(3) 経験曲線効果

2つ目は，経験曲線効果である。ボストンコンサルティング（Boston Consulting Group，以下，BCG）は，製品の累積生産量が2倍になると単位あたりのコストが20〜30%低減するというコストと生産量との関係を経験則である「経験曲線」によって示した（**図3-3**）。

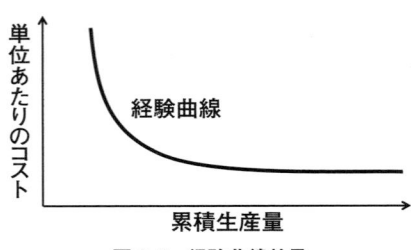

図3-3　経験曲線効果

出所：水越（2003）より筆者作成

企業にとっては，累積生産量が多いほどコストが下がり利益を生み，市場占有率（市場シェア）も高くなるため，資金が流入（キャッシュフローがプラス）する。

3-2.　差別化戦略
(1)　差別化戦略とは

差別化戦略もコストリーダーシップ戦略と同様に，業界全体を対象とする戦略である。差別化戦略は，顧客が自社を競合企業とは異なる価値を認めることで実現する戦略である。企業は製品やサービスを競合企業と差別化することで高収益を実現する。

事例としては，独自のアニメキャラクターを活用し非日常の空間を提供するディズニーリゾート，第3の場所（3rd place）の提供を前提に商品を展開するス

ターバックス，高度なユーザー体験（user experience）の提供を実現する Apple の iPhone 等が該当する。各社とも独自の付加価値である差別化要素を顧客に認めてもらうことで比較的高価格での販売を実現している。

　しかし，差別化戦略は企業が競争優位性を獲得する上で重要であるが実現は難しい。経営者や組織が外部環境の変化によって生まれた新たな市場機会を活かすよりも，過去の成功や体験を優先してしまうことがある。これをサクセス・シンドローム（Success Syndrome，成功の罠）と呼ぶ（Tushman and O'Reilly, 1997）。

　企業が差別化戦略を実現するためには，経営者や組織が持つ過去の成功体験の呪縛から逃れ，新たな市場機会を発見し，新たな発想を柔軟に取り入れる必要がある。

(2) 戦略キャンバスによる競合企業との差別化

　企業が差別化戦略を策定するためには，競合企業との差異を明確にする必要がある。ただし，競合企業も常に差別化戦略の策定と実現を図っており，現実的には企業にとって難度が高い取り組みである。そこで，企業が差別化の要素を明確にするため，戦略キャンバスを活用して差別化領域を生み出す取り組みが有効である。戦略キャンバスでは，競合企業との戦略の差異を4つの視点（the four actions framework）から明確にする（Kim & Mauborgne, 2015）（**図 3-4**）。

　1つ目は，業界の平均的な製品やサービスに備わっている要素のうち，「取り除く」べき要素は何か？という視点である。業界の慣習により提供することが当然と思われているものを疑い，取り除き，なくすことで生まれるメリットはないか，について検討する。

　2つ目は，業界標準と比較して「減らす」べき要素は何か？という視点である。市場での競合企業との競争が招いた過剰な要素があれば思い切って従来よりも減らすことを検討する。

　3つ目は，業界標準と比較して「増やす」べき要素は何か？という視点である。顧客の隠れたニーズに応え，競合と差別化できる取り組みを従来よりも増やす。

　4つ目は，業界では競合企業がこれまで提供していなかったが今後「付け加

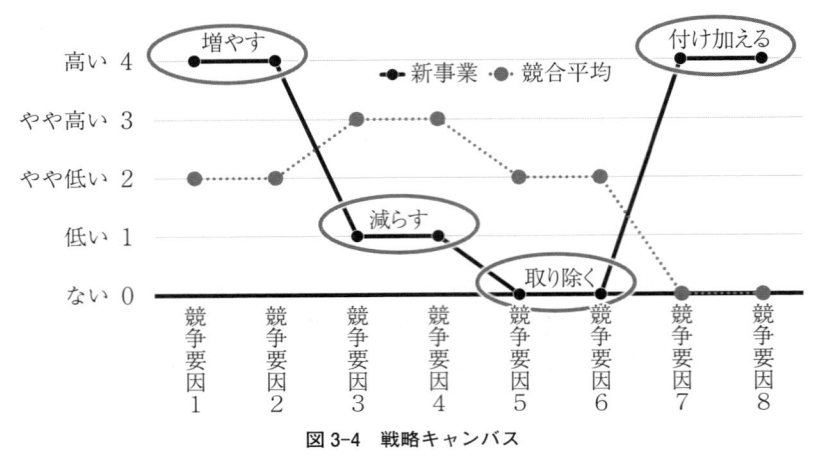

図 3-4　戦略キャンバス

出所：Kim and Mauborgne（2015）より筆者作成

える」べき要素は何かという視点である。これまで提供していなかった要素を付け加えることで顧客ではなかった層に新たな需要を生み出すきっかけになるような価値を生み出す。

　企業における戦略キャンバスの作成の有効性は差別化戦略に限らない。コストリーダーシップ戦略等の他の戦略オプションについても有効性を考察し追求することができる。

(3) 製品レベルでの差別化

　企業は，製品レベルでも差別化できる。製品レベルでの差別化戦略を検討するため，製品を 3 階層（3 つの製品レベル）から考えることが有効である（Armstrong 他，2019）（**図 3-5**）。

　製品の中核には，顧客が購入する真の理由を示す「中核となる顧客価値」がある。企業は製品の創出にあたって，顧客が求める価値を的確に製品に反映する必要がある。バリュープロポジション（value proposition）は顧客に提供する価値をあらわす（第 8 章参照）。

　製品の 2 つ目の階層は，実態製品である。企業は製品やサービスの特徴，デ

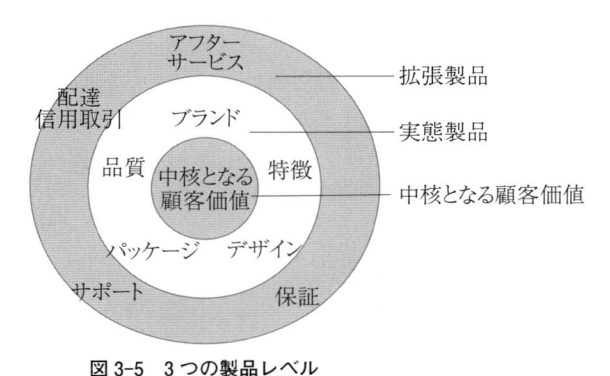

図 3-5　3 つの製品レベル

出所：Armstrong 他（2019）より筆者作成

ザイン，品質，ブランド，パッケージを開発し，顧客価値を実態製品へと展開する。

　製品の 3 つ目の階層は，拡張製品である。企業は実態製品に配達・信用取引，取り付けなどのサポートサービス，保証，アフターサービスを加えることで，製品を顧客に届ける「商品」へと拡張する。

　企業は「中核となる顧客価値」「実態製品」「拡張製品」の 3 層の視点から製品レベルでの差別化戦略を検討することが有効である。

3-3.　集中戦略

　集中戦略では，特定の市場セグメントに絞り込んだ上で競争優位性を獲得するための戦略を展開する。集中戦略はコスト集中戦略と差別化集中戦略の 2 つに分類できる。

（1）コスト集中戦略

　特定の市場においてコスト面で競争優位に立つ戦略が，コスト集中戦略である。主に中小企業が採用する戦略である。大企業では手を出しにくい低コストかつ低価格の商品で生き残る戦略等が該当する。

38

(2) 差別化集中戦略

特定の市場で差別化して競争優位を獲得する戦略が, 差別化集中戦略である。差別化集中戦略も主に中小企業が採用する戦略である。大量生産が困難な手作り製品で大企業と差別化し, 高価格で販売する戦略が該当する。

第2節　5つの競争要因

1. 5つの競争要因とは

企業は, 市場において顧客を獲得するために競争をしている。従来は既存の市場における競争相手 (競合企業) のみが競争相手であると考えられていた。

しかし, ポーター (2008) は企業が業界全体を見渡し利益を確保するためには, 競争相手は競合企業だけではなく, 「5つの競争要因 (The Five Forces)」を認識する必要があると提唱した (**図3-6**)。企業にとっての競争相手としては, 既存の市場における競合企業の他に, 部品や材料を提供するサプライヤー (supplier) である「売り手」, 顧客である「買い手」, 将来に向けた市場への「新規参入者」, 既存の製品に代わる可能性のある「代替品や代替サービス」が存在している。

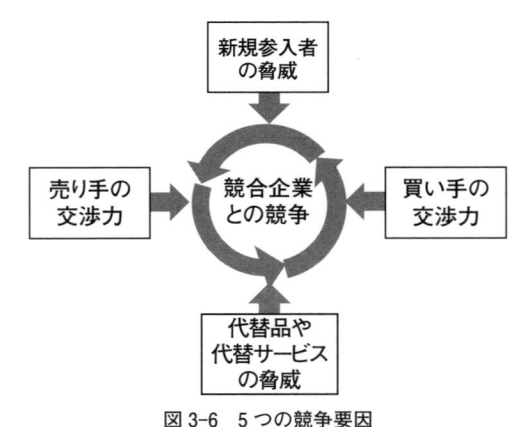

図3-6　5つの競争要因

出所：Porter（2008）より筆者作成

2.　競争要因への対応

5つの競争要因をもとに企業の競争要因への対応について考察する（Porter, 1980）。

2-1.　競合企業との競争

既存の競合企業との競争では，同じ業界の企業との競争であることもあり，価格競争，品質競争，納期競争で競争優位性を競い合うことになる。何れも競争を通じて，費用負担の増加につながることから，企業は競合との競争と費用の最適化により利益の確保を目指すことになる。

2-2.　売り手の交渉力

売り手の交渉力とは，部品や材料を提供するサプライヤーである「売り手」が高い交渉力を持ち，取引先である企業に不利な条件を突き付けることができる状況を指す。不利な条件とは，売り手が企業に高い仕入価格を課すことである。売り手の交渉力が高まる事例としては，仕入先の企業のほうが大手企業である場合，レアメタル等の希少な資源において他に仕入先が見つからない場合である。売り手の交渉力が大きく，費用の上昇を価格に転嫁できない場合，企業の収益力が低下する可能性がある。

2-3.　買い手の交渉力

「買い手の交渉力」とは，有力な顧客が取引先である企業に不利な条件を突き付けることができる状況を指す。顧客とは，個人顧客（消費者），法人顧客の双方が対象となる。

不利な条件とは，顧客による値引きの要求や，費用の増加につながる要求（品質向上，納期短縮，小口配送）を課すことである。特に「3つの基本戦略」における差別化戦略が実現できていない場合，顧客から「買い手の交渉力」を発揮されやすい状況となる。

2-4. 代替品の脅威

　企業が市場で展開する既存の製品やサービスに代わる可能性のある代替品や代替サービスがもたらす脅威が，「代替品の脅威」である。

　具体的には，既存製品が同じ機能やより高機能で低価格の製品に置き換えられることや，既存の製品やサービスと類似した機能を従来とは異なる形で実現する状況を指す。

2-5. 新規参入者の脅威

　既存市場に，新たな企業が参入することで市場における競争が激しくなる状況が「新規参入者の脅威」である。

　既存企業は新規参入を防ぐため，参入障壁を設けて新規参入者に対抗する。新規参入に対する参入障壁には以下がある。

(1) 規模の経済による参入障壁

　既存企業が大量生産により，製品1個あたりの固定費用の割合を低く抑えること（規模の経済）が実現できれば，新規参入者にとっては参入当初から多額の投資やコスト面での不利益を被ることになり参入障壁となる（前出の**図表3-2**参照）。

(2) 経験曲線効果による参入障壁

　既存企業が累積生産量を増加させ，製品の単位あたりの費用を低下させるという効果（経験曲線効果）が実現できれば，経験の少ない新規参入者にとっては，既存企業よりも生産に多くの費用が必要となり参入障壁となる（前出の**図3-3**参照）。

(3) 製品の差別化による参入障壁

　既存企業がブランド面で十分に差別化要素を持っている場合，新規参入者は顧客のロイヤルティ（loyalty，忠誠）を得るために多額の投資が必要となり参入障壁となる。

(4) 流通チャネルの確保による参入障壁

既存企業が製品やサービスを流通させる経路を確保している場合，新規参入者は自社の製品やサービスを流通させるために新たな経路を開拓する必要があるため参入障壁となる。

(5) 政府の政策による参入障壁

政府が特定の業界（医薬品や建設等）への新規参入を制限，あるいは，禁止している場合，新規参入者は，政府に申請し，認可を得る必要があるため参入障壁となる。

3. バリューチェーン（価値連鎖）

5つの競争要因の「売り手」から「既存の競合企業」を経て「買い手」に至る横軸を「バリューチェーン（value chain, 価値連鎖）」と言い換えることもできる。さらにバリューチェーンは自社内だけでなく，取引先や顧客にも存在する。それぞれの企業のバリューチェーンは，相互に依存し合う活動によって連動する形で結びついている。自社のバリューチェーンにとどまらず，「売り手」のバリューチェーンや「買い手」のバリューチェーンまで含んだより大きな連鎖になると，バリューシステム（value system）となる。バリューチェーンは，主要活動と支援活動から成る活動である（**図 3-7**）。

3-1. 主要活動

バリューチェーンの主要活動は5つの活動（購買物流，製造・オペレーション，出荷物流，マーケティング・営業，サービス）の連携によって構成されている。

購買物流活動は，製品の原材料を調達・在庫・輸配送する活動である。

製造・オペレーション活動は，原材料を最終製品に変換するための生産プロセスにかかわる活動である。

出荷物流活動は，製品を集荷・保管し顧客に届ける活動である。

営業・マーケティング活動は，顧客が製品を買うための手段を提供し，マー

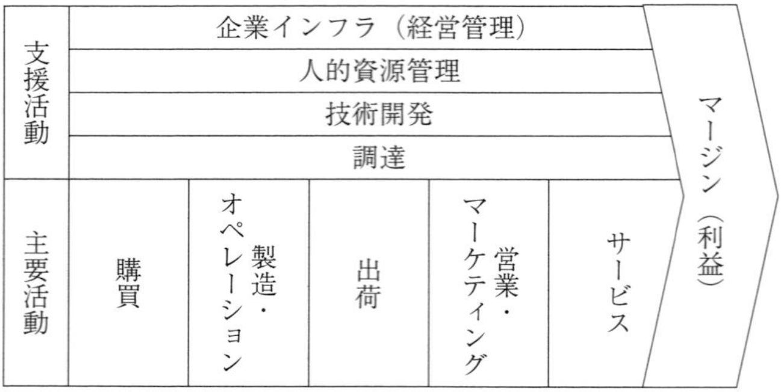

42

図 3-7　バリューチェーンの構造

出所：Poter（1985）より筆者作成

ケティング活動を実行する活動である。

　サービス活動は，製品の価値の向上と維持を実現する活動である。販売後の
アフターサービスもこの活動に包含される。

3-2.　支援活動

　支援活動は４つの活動（経営管理，人的資源管理，技術開発，調達）からなり，
主要活動のすべての活動と連携している。

　経営管理活動は，経営企画・財務・経理・法務等の経営全般を支援する活動
である。

　人的資源管理活動は，人事管理・採用・人材教育等の人材にかかわる支援活
動である。

　技術開発活動は，研究開発・商品開発・IT 導入等のデジタル化や技術に関
して支援する活動である。

　調達活動は，購買・出荷物流に関する活動を調達全般において支援する活動
である。

第3節　ポジショニング戦略

1.　競争優位性とポジショニング

　企業が特定の市場において競争優位性を獲得するためには，市場における自社の地位（ポジション，position）を認識した上で活動することが有効である。

　コトラー（Kotler, 2021）は市場における企業の地位について，市場占有率（市場シェア）の大きさをもとにマーケット・リーダー（market leader，以下，リーダー企業），マーケット・チャレンジャー（market challenger，以下，チャレンジャー企業），マーケット・ニッチャー（market nicher，以下，ニッチ企業），マーケット・フォロワー（market follower，以下，フォロワー企業）の4つに分類した。

　リーダー企業は業界で最大の市場シェアを持つ業界トップの企業である。チャレンジャー企業は，リーダーの地位を狙う2番手，3番手の市場シェアを持つ企業である。ニッチ企業はある特定のすきま市場（ニッチ市場）で独自の地位の獲得を目指す企業である。フォロワー企業は一定の市場シェアは確保しているものの直ちにはリーダーの地位を狙えない企業である。

2.　ポジショニングに応じた戦略

　企業は市場における地位にもとづき戦略を展開することで，競争優位性を高めることができる。

2-1.　リーダー企業の戦略

　リーダー企業は高い市場シェアや商品開発力とともに強力なチャネル（channel, 商流）を持っている。そのため，リーダー企業は豊富な資金力や技術力，チャネルを活かした全方位戦略によって，品種や価格帯を幅広く揃えた戦略を採用することで，さらなる市場拡大を狙う。

　チャレンジャー企業が差別化戦略を仕掛けてきたとしても，リーダー企業はチャレンジャー企業に戦略的に追従することで，市場シェアが大きい優位性を活かして収益拡大を実現できる。このように企業が競合企業の戦略を模倣して

44

差別化要因を減らし，競争優位性を覆してしまう戦略を同質化戦略と呼ぶ。

　たとえば，コンビニエンスストア（以下，コンビニ）業界ではセブン–イレブンがリーダー企業にあたり，全方位戦略を採用する他，業界初となる取り組みを先行して実施している。セブン–イレブンの業界初の取り組みとしては，24時間営業を開始したことを皮切りに，商品の枠を超えた共同配送，POS（Point of sales，販売時点情報管理）システムの導入と商品へのバーコード印刷，コンビニ ATM の設置等があげられる。

2-2. チャレンジャー企業の戦略

　チャレンジャー企業は高い市場シェアや商品開発力，チャネルを持つが，リーダー企業に対しては劣っている。

　そのため，チャレンジャー企業はリーダー企業がまだ参入していない地域や製品分野に注力することで市場シェアの拡大を狙う。また，豊富な資金力を活かして，自社より市場シェアの小さい企業から市場シェアを奪う戦略を採用するとともに，製品の徹底した差別化や思い切った価格設定による差別化戦略を仕掛ける。

　たとえば，コンビニ業界ではファミリーマートやローソンがチャレンジャー企業にあたる。ファミリーマートは伊藤忠商事，ローソンは三菱商事と KDDI という総合商社や通信事業者の親会社を持ち，親会社の豊富な資金力を活かして，フォロワー企業である競合コンビニの M&A（Merger and Acquisition，合併と買収）を繰り返すことで市場シェアを拡大し，リーダー企業の地位を狙っている。

　資金力の他にも，ファミリーマートは伊藤忠商事の持つ調達力を活かして衣料品の品揃えを強化し，ローソンは KDDI の通信やデジタル技術（AI 等）を活用した店舗の構築や，KDDI 傘下の au のスマートフォンとも連携したポイントサービス等，親会社の強みをコンビニ事業の成長につながる差別化戦略に活かしている。さらに親会社の総合商社が持つ豊富な海外ネットワークと人材は海外店舗の増強に活かされている。

2-3.　ニッチ企業の戦略

　ニッチ企業はリーダー企業やチャレンジャー企業が本気で参入してこない特定の市場セグメントに集中し，その領域で競争優位性を確保する戦略を採用する。ニッチ企業は専門性の高い領域において経営資源を集中することで独占的地位を維持することを狙う。ただし，市場の成長及び拡大によってリーダー企業やチャレンジャー企業が同じ市場に参入すると，市場を奪われてしまうリスクがある。

　たとえば，コンビニ業界では，北海道に集中出店し直営店で独自商品を展開するセイコーマートやJR東日本の駅構内だけで展開するNewDaysがニッチ企業に該当する。

　特にセイコーマートは独自の取り組みで大手コンビニ企業と差別化している。セコマ（2025）によると，北海道での人口カバー率99.8％を占める北海道に集中出店する戦略を採用し，コンビニの象徴である24時間営業は全体の25％に抑えている。セイコーマートは競合のコンビニチェーンが採用するフランチャイズ方式をとらず，従業員による直営店舗を運営している。多くのコンビニがレジ袋を有料で提供する一方，セイコーマートは環境基準をクリアした上で，レジ袋を無料配布するという経営判断も行っている。

　また，セイコーマートは自社工場で日用品や食料品（カップ麺やスナック菓子等）の自社ブランド製品を製造し展開している他，店内調理「ホットシェフ」では店内で本格的に調理した中食（かつ丼やクロワッサン等）を提供する等，他のコンビニと比較して独自性の高い戦略を実践している。ちなみに，中食とは家に持ち帰って食べる調理・加工された食品を指す。

　こうした経営姿勢に信頼を寄せているのは，集中出店する北海道の消費者だけではない。特に2018年に震度6強を記録した北海道胆振東部地震では北海道庁との災害時の連携協定にもとづく食糧支援要請に応え大量の食料と水を被災地に提供するとともに，停電下でもコンビニの営業を継続する等，地元への災害支援体制も整えており，地元自治体からも厚い信頼を得ている。

2-4. フォロワー企業の戦略

　フォロワー企業は，リーダー企業にとってあまり魅力のない市場（低価格志向の市場など）に集中している。

　フォロワー企業は，限られた売上からでも利益が得られるよう合理化やコストダウンを進めている。フォロワー企業は収益性が低いことが多く，資金力の豊富なリーダー企業やチャレンジャー企業に買収される事例が多い。

【参考文献】

Armstrong, G., Kotler, P., Opresnik, M.（2019）*Marketing: An Introduction, Global Edition, 14th Edition*, Pearson Education.（恩藏直人監訳『コトラーのマーケティング入門〔原書14版〕』丸善出版，2022年。）

Barnard, C. I.（1938）*The Functions of the Executive*, Harvard University Press.

Fayol, J. H.（1916）*Administration Industrielle et Générale*, Dunod et E. Pinat.

Ford, H（1922）*My Life and Work*, Doubleday, Page & Company.

Kim, W. C. And Mauborgne（2015）*Blue Ocean Strategy: Expanded Edition*, Harvard Business School Publishing Corporation.（入山章栄監訳・有賀裕子訳『[新版] ブルー・オーシャン戦略』ダイヤモンド社，2015年。）

Kotler, P., Keller, K. L., and Chernev, A.（2021）*Marketing Management, 16th edition*, Pearson（恩藏直人監訳『コトラー＆ケラー＆チェルネフ マーケティング・マネジメント〔原書16版〕』丸善出版，2022年。）

Lawrence, P.（1967）*Organization and Environment*, Harvard University Press.

Mayo, G. E.（1933）*The Human Problems of an Industrial Civilization*, Macmillan.

Porter, M. E.（1980）*Competitive Strategy: Techniques for Analyzing Industries and Competitors*, Free Press.（土岐坤・服部照夫訳『競争の戦略』ダイヤモンド社，1982年。）

Poter, M. E.（1985）*Competitive Advantage: Creating and Sustaining Superior Performance*, Free Press（土岐坤・中辻萬治・小野寺武夫訳『競争優位の戦略 いかに高業績を持続させるか』ダイヤモンド社，1985年。）

Poter, M. E.（2008）*On Competition Updated and Expanded*. Harvard Business School Publishing Corporation（竹内弘高監訳『[新版] 競争戦略論 I』ダイヤモンド社，2018年。）

Roethlisberger, F. J.（1939）*Management and the Worker*, Harvard University Press.

Schumpeter. J. A.（1926）*Theorie der Wirtschaftlichen Entwicklung, 2 Aufl.*

Duncker and Humblot（1st ed. 1912）.（塩野谷祐一・中山伊知郎・東畑精一訳『経済発展の理論』岩波書店，1977 年。）

Simon, H. A.（1947）*Administrative Behavior*, Macmillan.

Taylor, F. W.（1911）*The Principles of Scientific Management*, Harper & Brothers.

Tushman, M. L. and O'Reilly, C. A.（1997）*Winning Through Innovation: A Practical Guide to Leading Organizational Change and Renewal*, Harvard Business School Press.

井上善海・大杉奉代・森宗一編著（2022）『経営戦略入門（第 2 版）』中央経済社。

岸川善光（2017）『経営学要論』同文館出版。

嶋口充輝（1984）『戦略的マーケティングの論理』誠文堂新光社。

嶋口充輝（1986）『統合マーケティング』日本経済新聞社。

セコマ（2025）「数字で見るセイコーマート」。

水越豊（2003）『BCG 戦略コンセプト』ダイヤモンド社。

讀賣新聞（2024）「ローソン×KDDI　通信・デジタル活用新店舗」（2024 年 9 月 19 日朝刊）。

第4章　経営資源と投資戦略

第1節　経営資源とは

1. 経営資源の類型

　経営資源とは，企業の経営活動に必要な資源や能力である。企業の内部にある経営資源も，企業が競争優位性を確保する上で重要な要素となる。

　経営資源は，可変的な資源と固定的な資源に大別できる。

　可変的な資源とは，必要に応じて市場から調達できる資源である。たとえば，必要なタイミングで人材派遣から人材を確保することや，短期借入金の活用などがあてはまる。

　一方，固定的な資源とは，長期かつ固定的に獲得される資源である。たとえば，多くの年月を要する熟練工の養成や，長期の運用を前提とした工場の設備投資などがあてはまる。

　企業の経営資源の代表的な類型には「人的資源（ヒト）」「物的資源（モノ）」「資金（カネ）」「情報資源（情報）」がある。

1-1. 人的資源と組織（ヒト）

　企業が競争優位を確保するためには，優秀な人材を確保するとともに，人間関係を組織として機能させることが重要である。

　バーナード (1938) は，組織を「2 人以上の人間の意識的に調整された活動や諸力のシステムである」と定義し，組織には「貢献意欲（willingness to serve）」「共通目的（common purpose）」「コミュニケーション（communication）」の 3 要素が求められるとした。

　なお，バーニー（Barney, J. B.）は，組織資本（organization capital）という形で，人的資源から組織の要素を独立させている。

　現在，SDGs が掲げているように，企業におけるジェンダー平等や柔軟な働き方という要素も，多様かつ優秀な人材を集め，モチベーションや貢献意欲の高い組織を構築し，企業が競争優位を確保する上で重要な要素である。

1-2.　物的資源（モノ）

（1）有形資産

　企業の経営資源にとって，設備や機械等を保有することも競争優位を確保する上で重要な要素である。企業が保有する設備や機械等の資産を有形固定資産という。こうした資産は，取得する上で多額の資金や多くの時間が必要となり，競合他社では早急に入手が困難な資産もあるため，差別化の要素となり得る。

　ただし，競争優位を確保するためには，いくつかの注意点がある。

　まず，製造業企業が高価な工作機械を購入しても自社よりも大手の企業と同じ工作機械を購入した場合には，必ずしも差別化にならない。むしろ，大手企業と価格競争に陥るリスクがあるため，注意が必要である。

（2）有形資産とサービス化

　デジタル化の進展により，クラウドサービス（cloud service）等を通じて，高額の有形固定資産を保有しなくても，ステークホルダー同士をマッチングすることで顧客ニーズに応えるサービスとして提供できるようになった。サービスの進展は，有形固定資産を保有する企業から競争優位性を奪う可能性がある。

　従来通り，有形資産である「製品（goods）」を中心とする考え方（mindset）をグッズ・ドミナント・ロジック（Goods-Dominant logic）と言う。グッズ・ドミナント・ロジックは，形がある製品（有形資産）を中心に置き，価値が組み込まれており（組み込まれた価値），製品を交換（取引）して初めて価値が生まれるという考え方である。グッズ・ドミナント・ロジックのもとでは，企業の活動は製品を中心に，どのようにしたら製品が売れるのか，という視点で考える従来型

のマーケティング活動が行われる (Lusch and Vargo, 2014)。

　一方，サービス・ドミナント・ロジック (Service-Dominant logic) は「サービス (service)」を中心とする考え方である。サービスに決まった形はなく（無形資産），交換して初めて価値が生まれ（交換プロセス），交換するためには関係性が重要であるという考え方である。サービス・ドミナント・ロジックでは当事者間で価値を共創し，ユーザーのニーズにもとづくサービスを交換するという関係性のもとで事業が展開される (Lusch and Vargo, 2014)。

　たとえば，従来，宿泊サービスを提供するためには，ホテルという高価な固定資産（土地や建物）を保有しなければならない，という常識があった。ところが，エアビーアンドビー (Airbnb) は Web 上のプラットフォーム上で，宿泊したい人と，宿泊できるスペースを有償で提供したい人をマッチングするサービスを提供することでホテルという固定資産を保有しなくても宿泊サービスを提供できる。

　同様の事例として，ウーバー (Uber) の配車サービスやフードデリバリーサービスがある。何れも車両やレストランなどの高価な固定資産を保有していなくても，Web 上のマッチングプラットフォーム (matching platform) から，サービスとして提供することで短期間での事業創造と成長を実現した。

　つまり，「サービス」視点で捉えれば，従来，必要と考えられていた高価な固定資産がなくても，ステークホルダーのニーズと保有する外部の資源をマッチングすることで，早期に事業を創造することができ，先行者利益を獲得できる。

　ただし，サービスという視点のもとでは，どのような企業であっても，ステークホルダーのニーズに応えるサービスさえ提供できれば，事業を立ち上げることができる。そのため，後発の競合企業による模倣が比較的容易であり，差別化が難しいという特徴もある。結果として，サービスであっても，その根幹を担う製品によって競合企業と差別化する視点を持つことも重要である。

1-3. 資金 (カネ)

企業にとって資金力も競争優位性を確保する上で重要な要素になる。企業は

新たな設備の導入や新規事業の立ち上げを目的に，金融機関からの借り入れや，自己資金の活用等によって資金調達をする。

　企業が競争優位性を確保し維持するためには，継続的な投資が欠かせないため，自社事業での安定した収益の確保とともに，金融機関（特にメインバンク）との良好な関係の維持，適切な自己資本比率の確保と維持が重要である。

　なお，自己資本比率とは，総資本のうち純資産の占める割合である。自己資本比率が高いほど，借入金（他人資本）への依存が少なく，安全性が高いといえる。一般的には，自己資本比率は40％が良好，70％で理想的であると言われている。

　ただし，高すぎる自己資本比率は成長への投資が不十分であるともいえるため，競争優位性を確保するためには適切な投資も心掛ける必要がある。特に近年の日本企業は将来のリスクに備えて，内部留保と称される自己資金の貯めこみが顕著であり，成長への投資が求められている。

1-4. 情報資源 (情報)

　近年のデジタル化の進展により，企業が競争優位性を確保する上で，情報資源の位置付けは重要度を増している。

　伊丹 (1984) は，企業において最も特異性が高い経営資源は企業の内外に蓄積された知識としての情報 (情報的経営資源，以下，情報資源) であるとした。

　情報資源には，企業に蓄積されたノウハウ，技術，熟練，顧客情報，企業の外部に蓄積された当該企業についての信用，イメージ，ブランドなどが含まれる。つまり，情報資源では，経営資源であるモノ (物的資源) で取り上げた有形固定資産とは対極にある無形 (固定) 資産が対象となる。

　企業は競争優位性を確保するため，デジタル化による経営革新であるDX (Digital Transformation, デジタル・トランスフォーメーション，以下，DX) に取り組み，情報資源を活用し，企業の競争優位性を強化する取り組みを進めている。デジタル・トランスフォーメーション (DX) については第5章で詳述する。

2. コア・コンピタンスとは

企業が経営資源を活用し，企業を成長させ，競争優位を確保し続けるためにはどのような能力を持てばよいのだろうか？

企業が持続可能な成長を実現するためには，コア・コンピタンス（core competence，中核能力）が重要である。コア・コンピタンスとは，顧客に特定の利益をもたらすスキルや技術の集合体であり，競争力の源泉である。コア・コンピタンスは製品単位のものではない，ということに注意する必要がある。企業のコア・コンピタンスには，以下の3つの条件がある（Hamel and Prahalad, 1994）。

(1) 顧客価値

顧客に価値をもたらす，あるいは，顧客が価値を認めていることが求められる。企業は競争優位性を高めるために，顧客に認知されている価値を高めることが重要である。

(2) 模倣困難性

企業のスキルや技術が競合他社によって模倣困難であり，その企業のスキルや技術が競合他社と比較して数段優れているという水準が求められる。

(3) 多様な市場への展開

単一の市場ではなく広範で多様な市場へ参入する可能性をもたらす能力であることが求められる。

3. リソース・ベースド・ビュー

3-1. リソース・ベースド・ビューとは

バーニー（Barney, 2002）は，リソース・ベースド・ビュー（resource-based view of firm，以下，RBV）を提唱し，企業は個々に異質で複製に多額の費用がかかる経営資源を活用することで競争優位性を確保するとした。

RBV には，2つの前提がある。1つは「経営資源の異質性（resource heterogeneity）」であり，企業は企業ごとに異なる経営資源の集合体であるという前提である。

　もう1つは，「経営資源の固着性（resource immobility）」であり，企業の経営資源には複製企業が大変大きく，その供給が非弾力的（変化に対してあまり反応を示さない性質）であるという前提である。

　その上，企業が保有する経営資源が市場の機会を活用でき脅威を無力化し，同種の経営資源を保有する企業がごく少数であり，経営資源を模倣するためのコストが非常に高いか，供給が非弾力的である場合，その経営資源は企業にとって競争優位の源泉となるとした。

3-2. VRIO の問い

　バーニーは競争優位性を分析する手法として VRIO 分析を提唱した（Barney, 2002）。

　VRIO 分析は，経済価値（value），希少性（rarity），模倣困難性（inimitability），組織（organization）という企業活動に対する4つの問いによって構成されており，その頭文字（VRIO）を取って名付けられている。

（1）経済価値（value）に関する問い

　企業が保有している経営資源や能力（capability）によって，市場の機会や脅威に適応できるか？

（2）希少性（rarity）に関する問い

　企業が保有する経営資源や能力を，どれくらいの競合企業がすでに保有しているのか？

（3）模倣困難性（inimitability）に関する問い

　企業が保有する経営資源や能力を保有していない競合他社は，同様の経営資源等を獲得するためにコスト面で不利な立場に置かれるか？

（4）組織（organization）に関する問い

企業は自社が保有する経営資源や能力を活用して，組織能力を十分に発揮できるよう組織的な方針や手続きが整っているか？

3-3.　VRIO フレームワーク

企業に対する経済価値（V），希少性（R），模倣困難性（I），組織（O）の問いをもとに，企業の競争優位やコア・コンピタンスの状況を示したフレームワークが VRIO フレームワークである（**表 4-1**）。

企業が保有する経営資源に「経済価値がない」場合，企業は市場の機会を活用，あるいは，脅威を無力化するための経営戦略を実行できない。経済価値のない経営資源は企業にとって弱みとなるため，取り除く必要がある。

企業が経営戦略を実行する際，経済価値のない経営資源を活用すると，その経営資源を保有していないか，保有していても使用しない競合企業に対して「競争劣位」に陥ることになる。結果として，競争劣位にある企業は標準を下回る収益しか得られないことになる（**表 4-1 の (1)**）。

表 4-1　VRIO フレームワーク

	経済価値があるか（V）	希少か（R）	模倣コストは大きいか（I）	組織的に活用されているか（O）	競争優位	コンピタンス（能力）	強み・弱み
(1)	No	—	—	No	競争劣位	—	弱み
(2)	Yes	No	—	調整項目	競争均衡	—	強み
(3)	Yes	Yes	No	調整項目	一時的競争優位	固有のコンピタンス	強み
(4)	Yes	Yes	Yes	Yes	持続的競争優位	持続可能な固有のコンピタンス	強み

出所：Barney（2002）より筆者作成

　企業が保有する経営資源に「経済価値があるものの希少ではない」場合，経営戦略の実行において企業がこの経営資源を活用すると，競合企業に対して「競争均衡」の状態であると同時に標準レベルの収益をもたらすことになる。

　企業が経営戦略を実行する際に，経済価値はあるが希少ではない経営資源の活用を怠ると競争劣位となる可能性があるという点では，この種の経営資源は企業にとって強みと位置付けられる（表4-1の(2)）。

　企業が保有する経営資源が「経済価値と希少性はあるが，模倣コストが低い」場合には，企業が経営戦略を実行する上でその経営資源を活用すると「一時的な競争優位」をもたらす。

　この種の経営資源を経営戦略の実行に活用する企業は，業界で最初にこの経営資源を活用し，先行者利益を獲得する企業となる。しかし，競合企業がこの競争優位を認識すると，模倣コストが低いため，容易に新規参入，あるいは，代替製品やサービスによって，同様の戦略を実行するための経営資源を手に入れてしまう。そして，先行企業が得た競争優位は消えてしまう。

　ただし，「経済価値と希少性はあるが，模倣コストが低い」という経営資源は，最初に利用した時点から，競合の模倣によって先行者利益が消えるまでの期間は，先行企業が業界において標準を上回る収益を獲得できる。そのため，この経営資源は，企業にとっての強みであり，「企業固有のコンピタンス」である（表4-1の(3)）。

　企業が保有する経営資源が「経済価値と希少性があり，模倣コストが大きい」場合には，企業が経営戦略の実行において，この経営資源を活用することは，その企業に「持続的な競争優位」と業界の標準を上回る収益をもたらす。

　この場合，競合企業は先行者利益を獲得している企業の経営資源の模倣コストが高過ぎるため模倣できず，むしろ，模倣を試みることで競争劣位に陥ってしまうため，同様の経営戦略を実行できない。

　そのため，「経済価値と希少性があり，さらに模倣コストが大きい」という経営資源は，これを持つ企業の大きな強みであり，「持続可能な企業固有のコンピタンス」があると言える（表4-1の(4)）。

　なお，VRIO フレームワークにおける組織に関する問い（組織的に活用されているか）は，調整項目として機能することになる。

　たとえば，「経済価値と希少性があり，さらに模倣コストが大きい」という経営資源を持つ企業であっても，組織的に活用できるような組織の構築に失敗していれば，確保できていたはずの収益の一部が失われる。

第2節　プロダクト・ポートフォリオ・マネジメント

1. 製品ライフサイクル

　製品には人間や動植物と同じように寿命がある。

　Kotler (2021) は，製品ライフサイクル（Product Life Cycle，PLC）を市場成長率と時系列によって「導入期」「成長期」「成熟期」「衰退期」の4段階に分類した（図 4-1）。

　製品の導入期と成長期には，研究開発費や設備投資，広告宣伝費などで，資金が流出しキャッシュフロー（cash flow）がマイナスになる。

　成熟期には売上も利益もピークを迎えることで，これまで投資した費用を回

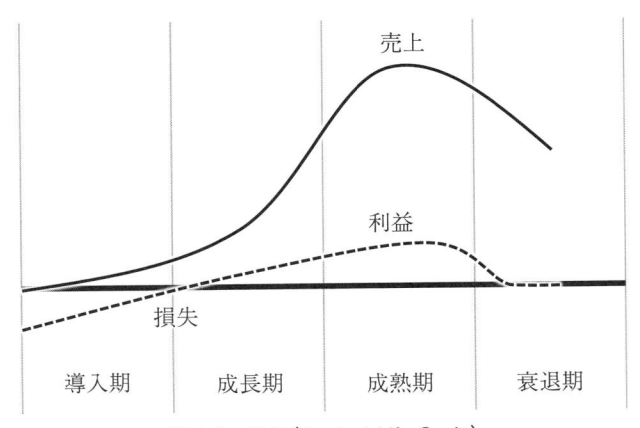

図 4-1　PLC (Product Life Cycle)

出所：Kotler (2021) より筆者作成

収できるうえ，出費が減り，資金が流入することでキャッシュフローがプラスになる。これは，コストと生産量との関係の経験則である「経験曲線」でも説明できる。成熟期には累積生産量が多くなりコストが下がるため利益が生まれ，市場占有率（シェア）も高くなるため，資金が流入することになる。

2．プロダクト・ポートフォリオ・マネジメント（PPM）

2-1．PPM とは

　企業は数多くの製品やサービスによって事業を営む。事業においてもライフサイクルがある。ボストンコンサルティング（Boston Consulting Group（BCG））は，複数の事業を持つ企業の経営者に対して，限られた経営資源の中から，事業成長に向けた最適な資源配分を意思決定するための視点を示してくれるフレームワークとしてプロダクト・ポートフォリオ・マネジメント（Product Portfolio Management，以下，PPM）を提唱した（水越, 2003）。

　PPM は市場成長率と，競合企業の市場占有率と比較して決定される相対的市場占有率とのマトリクスで構成され，キャッシュフロー（cash flow，現金の流れ）との関係から，企業が複数持つ事業を PPM のフレームワーク上で 4 つの

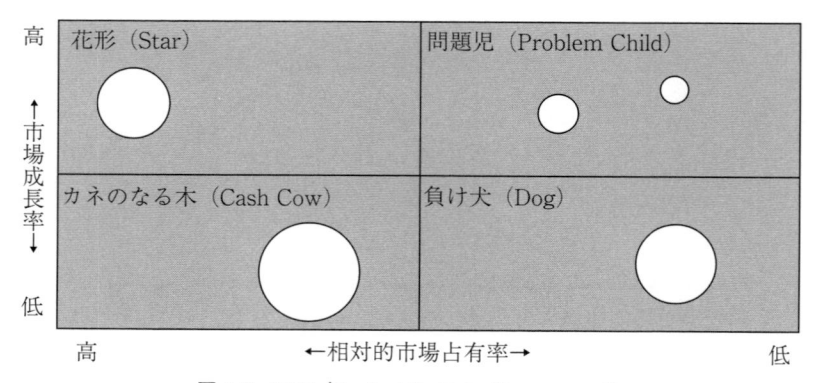

図 4-2　PPM（Product Portfolio Management）

注：円の大きさは事業規模をあらわす。相対的市場占有率は，
　　自社の市場シェアを競合他社の市場シェアで割ることで算出する。
出所：水越（2003）より筆者作成

象限に整理する。

　相対市場占有率は，自社の市場占有率を業界 1 位の企業の市場占有率で割ることで算出される。自社が業界 1 位の市場占有率である場合は相対市場占有率が 1 を超えるが，自社の市場占有率が業界 2 位以下の場合，相対市場占有率は 1 を下回る（**図 4-2**）。

2-2.　PPM の 4 つの象限

PPM は二次元のマトリクスから成る 4 つの象限で構成される。

（1）問題児（Problem Child）

　PPM の右上の象限にある「問題児」事業は，市場成長率は高いが，相対市場占有率が低という競合との競争が激しい市場である。そのため，多額の投資を必要とするため，キャッシュフローはマイナスになる。

　「問題児」事業は，主に立ち上げて間もない事業が多く事業規模も小さいが，市場成長率の高い成長市場で競合企業と競争するため，研究開発費や設備，広告宣伝費等への多額の投資を続けて育成する必要がある。

（2）花形（Star）

　PPM の左上の象限に位置する「花形」事業は，市場成長率と相対市場占有率がともに高い事業である。競合との競争が激しい市場ではあるが，企業が投資することで事業規模が急速に拡大する傾向にある有望な事業でもある。

　ただし，企業は成長市場において高い市場占有率を確保するため，「花形」事業に設備や広告宣伝費に対する多額の投資が必要となる。そのため，キャッシュフローはマイナスになる。

（3）カネのなる木（Cash Cow）

　PPM の左下の象限に位置する「カネのなる木」事業は，競合企業との競争に勝った結果，相対的市場占有率が高くなる。一方，市場において勝ち組企業

が決まったため，競合との競争は落ち着き市場成長率が低くなる。企業は当該事業への新たな投資が不要になり，キャッシュフローがプラスとなる。

「カネのなる木」事業は新事業への投資資金を生み出す資金源となり，規模も大きく企業の主力を担う安定した事業となる。

(4) 負け犬 (Dog)

PPM の右下の象限に位置する「負け犬」事業は，市場成長率・市場占有率ともに低く，キャッシュフローはマイナスになる。企業は「負け犬」事業の規模にかかわらず，当該事業からの撤退を検討することが求められる。

ただし，「負け犬」事業に位置付けられる事業は，「問題児」事業が成長できず「負け犬」事業となり撤退に追い込まれる場合もあるが，もともと「金のなる木」事業であり事業規模が大きい場合や，創業当時からの歴史ある事業であることもある。そのため，現実的には事業撤退が難しいことが多い。

第3節　成長に向けた投資プロセス

複数の事業を抱える企業は，限られた経営資源を活かし，事業成長に向けて事業に最適かつ効果的な投資を行うため，プロダクト・ポートフォリオ・マネジメントを投資の意思決定に活用する。

1. 投資資金の出所

企業が成長に向けた投資を行うためには，まず資金源が必要である。資金源は事業規模が大きく，安定して資金を生み出す「カネのなる木」事業である（図4-3）。

2. 資金の投資先
2-1. 「問題児」事業への投資

「カネのなる木」事業で生み出した資金は，主に「問題児」事業と「花形」

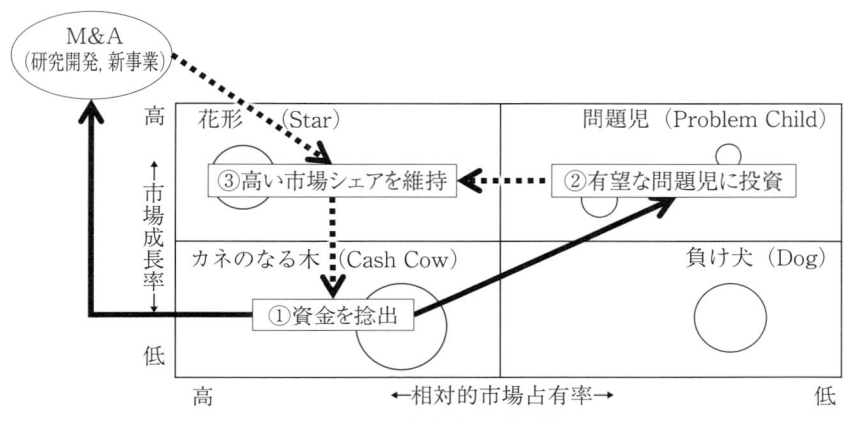

図4-3　PPMと新事業への資金投入

注：円の大きさは事業規模をあらわす。相対的市場占有率は，自社の市場シェアを競合他社の市場シェアで割って算出する。
出所：水越豊（2003）を参考に筆者作成

事業に投資することで成長を目指す。

　まず「問題児」事業については，将来的には有望な市場であるため，多くの企業が新事業を立ち上げようとしている。企業は競合企業に先行して積極的に投資を行うことで，早期に市場占有率の獲得を図り，「花形」事業への成長を目指す。

2-2. 「花形」事業への投資

　企業は，市場成長率が高く競争の激しい「花形」事業にも投資を続け，将来，市場成長率が低下した際には，「カネのなる木」事業への移行を目指す。

　ただし，「問題児」事業に投資をしても「花形」になれなかった事業や「負け犬」に位置付けられた事業からは撤退の意思決定を迫られることになる。

　さらに企業は投資の成功確率を高めるため「カネのなる木」事業で生み出した資金を活用し，外部の企業やその事業に対してM&A（Mergers and Acquisitions, 合併と買収）を行い，「花形」事業を外部から手に入れることもできる。M&Aによる新事業の獲得は，自社で事業を育成する時間が省けるため，「時

間を買う」とも言われる。

2-3. 「カネのなる木」事業への育成

　企業が投資により「問題児」事業を「花形」事業に成長させた後にも，高い市場成長率の中で引き続き競合企業との競争をすることになる。企業が競合との競争に勝ち抜き競争優位性を獲得するためには，市場占有率を向上し，市場でのポジションを確立することを目指す必要がある。

　市場占有率を高めることで，経験曲線効果等も得られ，より一層，競合企業に対する競争優位性を確保することができ，「カネのなる木」事業へと成長させることができる。

　以上の成長に向けた投資プロセスにおいて，企業が継続的な成長を実現するためには「カネのなる木」の事業を複数持つことが理想である。

【参考文献】

Barnard, C. I. (1938) *The Functions of the Executive*, Harvard University Press. （山本安次郎・田杉競・飯野春樹訳『経営者の役割』ダイヤモンド社，1968年。）

Barney, J. B. (2002) *Gaining and Sustaining Competitive Advantage, Second Edition*, Pearson Education, Inc.（岡田正大訳『企業戦略論（上）基本編』ダイヤモンド社，1995年。）

Barney, J. B. (2002) *Gaining and Sustaining Competitive Advantage, Second Edition*, Pearson Education, Inc.（岡田正大訳『企業戦略論（下）全社戦略編』ダイヤモンド社，2003年。）

Kotler, P., Keller, K. L., and Chernev, A. (2021) *Marketing Management, 16th edition*, Pearson（恩藏直人監訳『コトラー＆ケラー＆チェルネフ マーケティング・マネジメント〔原書16版〕』丸善出版，2022年。）

Hamel, G. and C. K. Prahalad (1994) *Competing for The Future*, Harvard Business School press.（一条和生訳『コア・コンピタンス経営―大競争時代を勝ち抜く戦略』日本経済新聞社，1995年。）

Lusch, R. F. and Vargo, S. L. (2014) *Service-Dominant Logic Premises, Perspectives, Possibilities*, Cambridge University Press.（井上崇通訳『サービス・ドミナント・ロジックの発想と応用』同文舘出版，2016年。）

伊丹敬之（1984）『新・経営戦略の論理』日本経済新聞社。

井上善海・黒澤佳子・田中克昌 編著（2024）『事業創造入門』中央経済社。
水越豊（2003）『BCG 戦略コンセプト』ダイヤモンド社。

第5章　デジタル・トランスフォーメーション

第1節　デジタル・トランスフォーメーション（DX）とは

1. 経営資源の類型

1-1. デジタル・トランスフォーメーションの定義

　デジタル・トランスフォーメーション（Digital Transformation, 以下, DX）とは，ストルターマンとフォース（Stolterman and Fors, 2004）が「デジタル技術が人間の生活のあらゆる側面に引き起こす，または影響をもたらす変化」と提唱したところから始まった。なお，Trans とは「向こう側へ」を意味する接頭語であり，英語圏の慣習で省略の際は"X"と表記するため，DX という記述になる。

　日本では，経済産業省（2024）が DX の定義を行っており，「企業がビジネス環境の激しい変化に対応し，データとデジタル技術を活用して，顧客や社会のニーズをもとに，製品やサービス，ビジネスモデルを変革するとともに，業務そのものや，組織，プロセス，企業文化・風土を変革し，競争上の優位性を確立すること」としている。この定義には，企業が事業にデジタルを取り入れることでイノベーションを実現し，持続可能な経営体制を確立してほしいという国家的なメッセージが込められている。

　その背景には，DX における日本の経営者の関与が十分ではないという状況がある。JEITA・IDC（2021）の調査によると「DX の戦略策定や実行に経営陣自ら関わっているか」という質問に対して，日本の企業が約36％にとどまったのに対し，米国の企業は約54％と半数を超えており，大きな差がついている。

　DX の実現においては，経営者が DX の戦略策定や実行に直接関与し，先頭に立って推進する姿勢が求められる。

1-2. デジタルとIT の違い

デジタルとは，別にIT（Information Technology，情報技術）という言葉も使用される。デジタルとIT との違いは何だろうか。

IT は，主に，情報技術を販売する企業の売り物として使われている。たとえば，IT ベンダー（IT を販売する企業を指す），IT 製品，IT サービス等である。一方，デジタルはIT を事業活動に採用し活用するユーザーが使う用語となっている。つまり，デジタルという言葉が多用されるようになった背景には，IT が多くのユーザーの活動に浸透し，ユーザー主導になった市場の状況をあらわしている。

なお，デジタル化とDX の違いとは，デジタル化については企業がIT システムを導入すること自体を指すのに対し，DX はデジタル化を前提に企業の事業そのものを変革することを指す。

2. 国ごとのデジタル化の差異

2-1. 日本企業におけるデジタル化の特徴

日本企業がIT システムを導入する方法には，他国とは異なる独特の取り組みがあることを理解する必要がある。

日本企業は企業内で活用するIT システムを導入するため「情報システム部」という組織を設置している。つまり，経営者が直接，IT システムに関与するという仕組みにはなっていないことが多い。

情報システム部は企業の代表としてIT ベンダーにIT システムの設計・構築・保守を発注する。この際，日本企業は自社の業務プロセスに合わせた特注のIT システムの設計や構築をIT ベンダーに依頼するという特徴がある。

具体的には，情報システム部が提案依頼書（RFP：Request for Proposal）を作成し，発注先候補であるIT ベンダーに提案書の作成を依頼する。IT ベンダーは，提案依頼書に応える形で提案書や見積書を作成し，これが認められると受注するという独特のプロセスである。

こうした状況から，日本においてデジタル化に詳しい人材はIT ベンダー側

に多く存在しており，IT ベンダー側が企業の IT システムの構築を主導するため，企業にとってデジタル化の目的が曖昧になりやすいという特徴がある。

2-2.　米国や欧州の企業におけるデジタル化の特徴

　米国や欧州では経営者が直接，経営のデジタル化に関与する。経営者が自らデジタルを活用したビジネスモデルを創出し，新たな事業を切り拓くことが業務に落とし込まれている（**表 5-1**）。

　こうした企業ではデジタル化の専任役員として CDO（Chief Digital Officer）や CIO（Chief Information Officer）を置いている。あるいは，経営のトップである CEO（Chief Executive Officer，最高経営責任者）や COO（Chief Operating Officer，最高執行責任者）がデジタルを活用した事業を先頭に立って推進している。こうした動向に影響を受け，最近では日本企業も CDO 等の役職を設置し，経営者がデジタル化を推進する企業も増えている。

　米国や欧州の企業は業務用の IT システムにおいて IT ベンダーから提供されるパッケージ・ソフトウェアをそのまま利用し，特注はしないという特徴もある。

　その理由は，IT ベンダーが業務用のパッケージ・ソフトウェアに優良企業の理想的な業務プロセス（Best Practice）をあらかじめ反映しており，常にオン

表 5-1　デジタル化における国ごとの差異

	日　　本	米国・欧州
経営者の関与	薄い （高まりつつある）	直接関与 （ビジネスモデル創出）
中心部門	情報システム部	経営者
業務システム	特注	パッケージソフトウェア （そのまま使用）
IT 人材の所在	IT ベンダー	ユーザー企業
デジタル化の目的	曖昧なこともある （主に業務に合わせる）	明確

出所：筆者作成

ラインで最新版のソフトウェアに更新されるため，特注する必要はないと考えているためである。

こうした企業は業務システムを特注するニーズがないため，情報システム部門は必要ない。結果として米国や欧州では，IT のユーザー側に IT に詳しい人材が多く存在しており，デジタル化の目的も明確であるという特徴がある。

3. DX への取り組み

経営戦略におけるデジタル活用は，あくまでも手段であるため，目的が重要である。デジタルを活用するからといって，これまで学んだ経営戦略の理論やフレームワークが変化するわけではない。

むしろ，経営戦略の理論やフレームワークの活用を前提に，デジタルをうまく活用すれば，その効果が加速する。

そのため，企業の使命であるミッションや存在意義としてのパーパスが重要であり，デジタル化の推進においてもミッションやパーパスを定め，目的を明確化することが重要である。

企業における DX は，前段の「Digital」よりも後段の「Transformation」が重要である。企業を変革（Transformation）するためにミッションやパーパスを明確に掲げ，その実現に向けて経営戦略論の理論やフレームワークを活用し，戦略の実行を加速して，多くの成果を獲得するためにデジタルを活用するというプロセスである。

このプロセスを実現するためには，経営者が DX に直接関与し，企業のミッションやパーパスにもとづいた活動とすることが有効である。

第 2 節　先進技術と経営戦略

1. AI は仕事を奪うのか？

1-1. 2 つのタイプの AI

AI（人工知能，Artificial Intelligence）には 2 つのタイプがある。「強い AI

(Strong AI)」と「弱い AI (Weak AI)」である (Searle, 1980)。

　強い AI は汎用 AI であり，自分で考え，自分自身で進化ができる AI であるとされている。社会では強い AI が意識され，AI が仕事を奪うと言う議論も生じている。しかし，実際には強い AI は技術的な問題からこの先，数十年は存在しない。

　一方で，弱い AI は人間がソフトウェアで指示したことだけができる AI であり，既存の技術（機械学習等）である。たとえば，新型コロナウイルス感染症 (COVID-19) がパンデミック化した時期において，ファイザーは経営者である CEO が CDO を兼任して主導し，スーパーコンピュータを取り入れたシミュレーション技術等のデジタルをフル活用することで，パンデミック（全世界流行）が起こってから 1 年以内に，COVID-19 に対するワクチンを完成させ，全世界に流通させることができた。弱い AI はデジタルの一要素に過ぎないが，すでに企業のビジネスや生活者の環境に大きな変化をもたらしている。

　本当に AI は人間から仕事を奪うのだろうか？

1-2.「自動化する側」と「自動化される側」

　実際には，デジタルの一要素である AI 自体が人間から仕事を直接奪うことはない。注目すべきは，企業がデジタルを活用する上で，自動化 (Automation) する側と自動化される側に分かれる，ということである。

　企業における「自動化する側」の特徴は，デジタルをよく理解し，自社（自分）の強みとする領域に積極的にデジタルを適用するため投資することで業務の自動化を推し進める。

　逆に「自動化される側」はデジタルがもたらす影響を理解せず，日々の業務を淡々とこなすことで自らの業務がデジタルの機能に吸収されてしまう。やがて，本人が気づかぬうちに仕事を失ってしまう。

　つまり，企業において「自動化される側」の人材になってしまうと仕事を失うということである。これは人材に限らず，企業そのものにもあてはまる事象である。

デジタル化の進展によって仕事を失わない人材（あるいは，企業）になるためには，デジタルの最新動向や機能をよく理解した上で，自分（自社）の強みをしっかりと持ち，その領域にデジタルを活用することによって，ビジネスモデルの創出や効率化を推進する「自動化する側」になることが求められる。

2. IoT とデータ活用

2-1. IoT の実現

IoT (Internet of Things) とは，「モノのインターネット」であり，あらゆるモノに通信機器やセンサー (sensor) を組み込み，インターネットに接続できるようになった環境を指す。

技術的には，有線及び無線のネットワーク技術が向上するとともに，通信するためにデバイスごとに付与される IP (Internet Protocol) アドレスが，IPv4 (Internet Protocol version 4) から IPv6 (Internet Protocol version 6) に移行することで，本格的な IoT の実現が可能になった。

具体的には，各デバイスに付与される IP アドレスの数が，IPv4 では約 43 億アドレスと地球上の人間の数（約 80 億人）にも満たなかった状況から，IPv6 に進化することにより約 340 澗（340 兆の 1 兆倍の 1 兆倍）アドレスへと大幅に増加した。IPv6 への進化により，あらゆるモノからデータを集め，そのデータを資源として活用するという IoT への取り組みが現実的なものとなった。

2-2. 国による取り組み方の違い

IoT については，国によって取り組み方が大きく異なっている（**表 5-2**）。

まず，ドイツ政府が主導して提唱した「Industry 4.0」がある。Industry 4.0 とは，工場に関係する生産機械やサービスをネットワークで連携し，製造プロセスの改善や新たな製造方法とともに新たなビジネスモデルを創出することを目的とした取り組みである。

Industry 4.0 は，ドイツの産業競争力の強化を目的として立ち上げられ，IoT への取り組みとして広く世界に認知された。

表 5-2　各国の IoT への取り組みの差異

	ドイツ（EU）	アメリカ	日　本
呼　　称	Industry 4.0	Industrial Internet	Society 5.0
主　　導	ドイツ政府 （2011 ～）	民間企業（GE） （2014 ～）	日本政府，経団連 （2016 ～）
目　　的	ドイツの産業競争力強化	企業戦略	日本及び世界が目指す 未来の社会像の啓蒙
コンソーシアム	政府主導で，大学，研究 機関，企業が連携	企業主導で形成	経団連が中心となり 啓蒙活動

出所：各種情報をもとに筆者作成

　IoT 領域に限らず欧州は，政府や公的機関が中心となり世界標準を公的に作り上げるデジュール・スタンダード（De Jure Standard，公的標準）を得意としている。

　一方で，米国では民間企業である GE が「Industrial Internet」というキャッチフレーズを掲げ，IoT を実現する産業用クラウドプラットフォームを立ち上げ，仲間となる企業を集めてコンソーシアム（consortium, 共同企業体）を形成するという形で IoT が推進された。

　このように米国は，民間企業が中心となり世界中から仲間を集め，数の力で市場における標準化を目指すデファクト・スタンダード（De Facto Standard，事実上の標準）を得意としている。

　一方，日本では，日本政府や経団連（日本経済団体連合会）が中心となり，日本及び世界が目指す未来の社会像の啓蒙を目的に，「Society 5.0」が提唱された。日本政府の科学技術基本計画では，Society 5.0 を「仮想（サイバー）空間とフィジカル（現実）空間を高度に融合させたシステムにより，経済発展と社会的課題の解決を両立する，人間中心の社会（超スマート社会）」と位置付けている。

2-3. 経営におけるデータ活用

　デジタル技術の進化により，IoT が実現できるようになり，経営者は企業の

内外から膨大なデータを獲得できるようになった。

データを活用するためには，これを分析するデータサイエンティスト（Data Scientist）などの専門家人材が必要になる。

データサイエンティストとは，企業が獲得したデータをもとに，仮説を構築し，分析するためにデータを加工し，データを分析した上で，その分析結果を評価し，ビジネスの現場に適応する業務を行う専門家である。

ただし，企業にとってデータは万能ではなく，データサイエンティストが存在すればよいということでもない。企業がデータを経営戦略に活用するためには，経営者や現場にデータ分析の結果を理解できるデータリテラシー（data literacy）が求められる。

しかし，日本企業はデータリテラシーが低い傾向がある。クリックテック（2018）の調査によると，日本の企業におけるデータリテラシーは米国や欧州，アジアの主要国の中で最も低い水準であった。

データリテラシーの低い企業の組織では，データサイエンティストが分析したデータを提示しても，経営者や現場がデータの持つ意味を理解できず，経営戦略に分析結果を有効に活かすことができない。そのため，企業が経営戦略にデータを活かすためには，データサイエンティストを確保するだけではなく，経営者や現場の従業員も含めて，データに関する知識やノウハウを身に付け，組織全体としてデータリテラシーを高めた上で，経営戦略に活用することが望まれる。

3. ネットワークとセキュリティ

3-1. 企業のネットワーク

企業がデータ活用による利便性を高めるためには，ネットワーク技術の進化が不可欠である。従来から，企業ネットワークには，企業や家庭等の建物内のコンピュータ間で構成するネットワークである LAN（Local Area Network，構内ネットワーク）や，遠隔地の拠点間で LAN 同士をつなぐネットワークである WAN（Wide Area Network）が設置されていた。これらは主に有線ネットワー

クである。

　近年では，ワイヤレス化が進み，Wi-Fi（Wireless Fidelity）に代表される無線LANや，スマートフォンのネットワークである4Gや5G回線を業務で活用することも常態化している。

　さらに，IoTの進化と浸透により，企業のオフィスを超えて，工場の生産現場や，小売業の店舗，社会インフラ関連施設やその設備，顧客に対して販売した製品等にも通信機器やセンサが設置され，ネットワークでつながり合い，データの送受信を行っている。

3-2.　情報セキュリティの脅威

　ネットワーク技術が進化し利便性が拡大すると同時に，企業へのサイバー攻撃等，情報セキュリティの脅威は年々，激しさを増している。

　IPA（2024）によると，企業にはランサムウェアや標的型攻撃等の外部からの攻撃とともに，サプライチェーンや企業の組織面での弱点を狙った攻撃も増えている（表5-3）。

　なお，ランサムウェア（ransomware）とは，身代金（ransom）要求型ウイルスであり，犯罪者が社内システムに侵入し，個人情報を含むデータを盗み出して，元のファイルやシステムを暗号化してしまうという攻撃である。ランサムウェアには，暗号化を解くために身代金を要求する暗号化型の攻撃や，盗んだ情報を暴露すると脅して身代金を要求する暴露型の攻撃がある。

表5-3　「組織」向けサイバー攻撃の脅威

順位	組　　織
1位	ランサムウェアによる被害
2位	サプライチェーンの弱点を悪用した攻撃
3位	内部不正による情報漏えい
4位	標的型攻撃による機密情報の窃取
5位	修正プログラムの公開前を狙う攻撃（ゼロデイ攻撃）

出所：IPA（2024）より筆者作成

　ランキングには，特定の組織などを標的に企業のシステムやネットワークに侵入し，機密情報の窃盗や改ざんなどを行う標的型攻撃，発見された脆弱性を解消するための対策が提供される前に行われるサイバー攻撃であるゼロデイ (zero-day) 攻撃も入っている。

　その他にも，1台の機器から対象の機器に過剰な負荷をかける DoS (Denial-of-service attack) 攻撃，インターネット上で公開されている Web サーバーなどを標的に大量の PC から集中的にアクセスし正常なサービス提供を妨害する DDoS (Distributed Denial of Service attack) 攻撃，外部から ID やパスワードを割り出し不正にサーバーに侵入して機密情報の盗難や改ざんを行う不正アクセス等，多様なサイバー攻撃がある。

3-3. セキュリティ対策

　企業はセキュリティの脅威に対し，主にネットワーク上に対策を施している。たとえば，ネットワークを VPN (Virtual Private Network) にすることで，仮想的な企業の専用線を構築する対策がある。また，外部の不正アクセスを防ぐ機器であるファイアウォール (Firewall) をネットワーク上に設置する対策，PC 等のデバイスにウイルス対策ソフトを導入するとともに，暗号化やデジタル署名を活用する等の対策が実施されている。こうしたセキュリティ対策に対し，修正プログラムの公開前を狙う攻撃（ゼロデイ攻撃）も活発になっており，常に最新のソフトウェアへの適切な更新が重要である。

　一方，企業における物理的なセキュリティの脅威に対しては，生体認証 (biometric identification) が活用されている。

　生体認証は人間の身体が個々に異なるという特徴を活かして，本人確認や認証を行う仕組みである。最近では，物理的なセキュリティをさらに強固にするため，複数の生体認証要素を組み合わせたマルチモーダル (multimodal) 認証へと進化している。

　さらに，企業はサイバーリスクの高まりとともに，セキュリティ対策をゼロトラスト (Zero Trust) へと移行している。ゼロトラストとは，サイバーリスク

は常に組織の中に内在しているという前提のもと，誰も信頼せず，常に検査するというセキュリティ戦略である。

第3節 IT投資

1. IT（デジタル化）投資と評価方法

　企業は，収益向上や業務の効率化などを目的に，IT（デジタル化）投資を行う。ただし，IT投資の評価は困難であるという特徴がある。その理由は，ITシステム自体は経営上の目的を達成するための一手段であり，ITシステムの導入だけで経営目的が達成できるわけではないためである。

　そこで，企業はIT投資において，最適な投資対効果を狙い，慎重に投資利益率（ROI：Return On Investment）を見極めようとする。

　投資利益率（ROI）とは，投資した費用に対する収益の比率である。ROIによる評価では，投資した費用に見合う収益が得られるのか，という視点で投資額を評価する。

　企業はIT投資の評価において様々な方法を用いる。ここでは，(1) 回収期間法，(2) 正味現在価値法，(3) 内部収益率法を紹介する。IT投資の評価として，どの方法を採用するかについては，それぞれの特徴を踏まえて，企業が判断することになる。

1-1. 回収期間（Pay Back Period）法

　回収期間法とは，初期投資と継続的な投資から，何年後に投資資金が回収できるかを評価する手法である。毎年の収入の総額を合計し，初期投資額と同じ金額になる年数が回収期間となる。

　回収期間法を採用して複数のIT投資案を評価する場合には，投資金額を回収できる期間が短い案を選択することになる。

【計算式】

　回収期間＝投資額÷各期のキャッシュフロー

1-2. 正味現在価値 (NPV：Net Present Value) 法

正味現在価値とは，将来に生まれるキャッシュフローを現時点の価値に換算した合計金額である。正味現在価値法とは，時間的変化に割引率を設定し，一定期間の収益を現在価値に換算した上で，初期投資額を差し引き，収益の合計値を求め，その価値の大小で評価する方法である。

正味現在価値法を採用して複数の IT 投資案を評価する場合には，正味現在価値の金額が最も大きい案を選択することになる。

【計算式】

正味現在価値 (NPV) ＝ n 年後までの現在価値 (PV) の合計 − 初期投資額

現在価値 (PV) ＝ n 年後の金額 ÷ (1 ＋ 金利) の n 乗

1-3. 内部収益率 (IRR：Internal Rate of Return) 法

内部収益率法とは，金銭価値の時間的変化を考慮し，現在価値に換算された収益の一定期間の合計値がゼロになるような割引率を求めて，その大小で評価する方法である。あるいは，企業が目標とする収益率であるハードルレートをあらかじめ設定し，内部収益率 (IRR) をハードルレートと比較することで，IT 投資の意思決定を行う。

【計算式】

正味現在価値 (NPV) ＝ 0，あるいは，現在価値 (PV) ＝投資額
となるときの収益率を算定し比較する

2. IT 投資の意思決定

2-1. 投資対効果と合意形成

企業の IT 投資の意思決定においては，その複雑さゆえに投資対効果を見極める方法だけでは意思決定が困難な場合がある。

投資対効果を見極める計算においては，前提や仮定が多くなり，モデルも複雑化するとともに，不確実な要因も数多く存在するため，精緻化を目指すほど結果として信憑性や理解のしやすさという面で問題が発生してしまう。

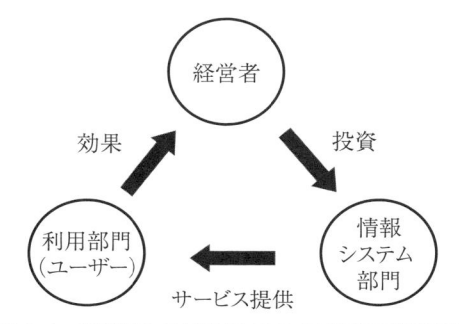

図 5-1　部門間の合意形成による IT 投資の意思決定
出所：松島（2007）より筆者作成

　そこで，企業にとっては，IT 投資に関係する部門間で合意形成を図ることで，円滑な意思決定を行うという方法が有効となる（**図 5-1**）。

　特に日本企業においては，IT 投資の経営上の目的を設定し意思決定する役割を担う「経営者」と，IT システムの企画・設計・構築を担う「情報システム部門」，完成後の IT システムを現場で活用するユーザーである「利用部門」の 3 者において IT 投資に関する合意形成を得ることが重要である。

　IT 投資における合意形成においては，「経営者」は投資の意思決定の役割，「情報システム部門」はサービス提供の役割，「利用部門」は IT システムを活用した効果を明確にする役割を担う。

　合意形成アプローチは，主に大企業のように多くの部門が存在する組織が対象となる。つまり，中小企業のように企業規模が限られている組織の場合，経営者が自らの判断で IT 投資を決めることができるため，本来は，中小企業のほうが IT 投資に踏み切りやすいはずである。しかし，中小企業は経営資源が限られており，実際には IT 投資に踏み切れていないという実状がある。

2-2. IT 投資の領域

　IT 投資を実施する領域は，既存事業の維持・運営のための既存領域と，新事業の展開のための新規領域の 2 種類がある。

JUAS（2022）によると，日本企業は約76％が既存領域へのIT投資，約24％が新規領域へのIT投資である。日本企業のIT投資が既存領域に偏重する傾向は長期的に継続している。

この傾向は，DXの推進にもあらわれている。JEITA・IDC（2021）の調査によると，DXを推進する目的として，日本は「業務オペレーションの改善と改革（約41％）」「既存ビジネスモデルの変革（約28％）」等，既存領域でのDXが上位を占めている。一方，米国は「新規事業／自社の取り組みの外販化（約46％）」「新製品やサービスの開発／提供（約35％）」等，新規領域でのDXが上位を占めている。

つまり，DXという同じキーワードで経営戦略に取り組んでいても，日本と米国に見られるように，その領域が既存領域と新規領域で異なることにより，経営戦略の方向性が大きく異なってしまう。特に日本企業においては，新規領域でのDXの推進を志向することが望まれる。

【参考文献】

Kotler, P. And Kartajaya, H.（2021）*Marketing 5.0: Technology for Humanity*, Wiley Distributed Publisher.（恩藏直人監訳『コトラーのマーケティング5.0 デジタル・テクノロジー時代の革新戦略』朝日新聞出版，2022年。）

Searle, J. R.（1980）Minds, brains, and programs. *Behavioral and Brain Sciences* 3(3)：417-457.

Stolterman, E. and A. C. Fors（2004）Information Technology and the good Life, *Information Systems Research*：687-692.

Stuart, R. and P. Norvig（2009）*Artificial Intelligence - A Modern Approach. 3rd Ed.* New Jersey: Prentice Hall.

クリックテック・ジャパン（2018）『データリテラシー指数 5 億ドルの企業価値を獲得する機会』。

経済産業省（2022）『デジタルガバナンス・コード 2.0（2022 年 9 月 13 日改訂）』。

経済産業省（2024）『デジタルガバナンス・コード 3.0（2024 年 9 月 19 日改訂）』。

佐久間信夫・芦澤成光・文載晧 編著（2023）『経営戦略要論（改訂版）』創成社。

情報処理推進機構（IPA）（2024）『情報セキュリティ 10 大脅威 2024』。

田中克昌（2019）『戦略的イノベーション・マネジメント』中央経済社。

電子情報技術産業協会（JEITA）・IDC Japan（2021）『2020 年 日米企業の DX に

関する調査』。

電子情報技術産業協会（JEITA）（2024）『日米企業のデジタル経営に関する調査
　結果について』。

日本経済団体連合会（2018）『Society 5.0 ―ともに創造する未来―』。

日本情報システム・ユーザー協会（JUAS）（2022）『企業 IT 動向調査報告書 2022
　ユーザー企業の IT 投資・活用の最新動向（2021 年度調査）』。

松島桂樹（2007）『IT 投資のマネジメントの発展 ―IT 投資効果の最大化を目指
　して―』白桃書房。

第6章　経営戦略と会計

第1節　損益計算書による競合比較

1. 経営戦略論と会計

1-1. 経営戦略論と財務諸表との関係性

　本書の立場として，会計の詳細については企業会計に関する専門書にその役割を譲る。その代わり，本書では経営戦略論の立場からの会計の活用方法について論じることとする。

　本書では，主に損益計算書（PL：Profit and Loss statement），貸借対照表（BS：Balance Statement），キャッシュフロー計算書（CF：Cash Flow Statement）の3つの財務諸表を中心に論じることとする。

　損益計算書では経営戦略を立案する上で，収益性や成長性に関する競合企業との比較に役立つ。貸借対照表からは企業の資産の持ち方から経営戦略の個性を知ることができる。キャッシュフロー計算書からは企業が経営戦略を立案する上でのライフサイクルを認識することができる。

1-2. 国際標準と会計

　企業は，会計基準というルールにもとづいて財務諸表を作成する。たとえば，日本の企業は，企業会計基準委員会が定める「企業会計原則」にもとづいて財務諸表を作成している。

　日本以外でも各国で会計基準を設定している。たとえば，米国では米国会計原則である US GAAP（Generally Accepted Accounting Principles）にもとづいて財務諸表が作成されている。米国の企業の財務諸表を確認するためには，主に

各企業が発行する「Form 10-K」という文書を確認する。Form 10-K とは，米国で事業を運営する企業が米国証券取引委員会（SEC, Securities and Exchange Commission）に提出する年次報告書（四半期報告書の場合は Form 10-Q）であり，米国の株式市場に上場している企業が法的に提出を義務付けられている書類の1つである。この報告書は，企業の包括的な財務状況，リスクや市場に関する情報を詳細に開示することを目的としている。

　一方，EU（European Union，欧州連合）で事業を運営する企業は，EU 会計基準にもとづいて財務諸表を作成し提出していたが，これを国際標準にするという動きが国際会計基準審議会（IASB：International Accounting Standards Board）を中心に行われ，国際財務報告基準（IFRS：International Financial Reporting Standards）へと進展した。

　第5章の IoT 領域でも論じた通り，欧州は，政府や公的機関が中心となり世界標準を公的に作り上げるデジュール・スタンダード（公的標準）を得意としており，会計領域においても国際標準を規定したことになる。

　ただし，会計基準は，国際的に完全に統一されているわけではない。たとえば，日本で活動する企業は，日本で認められている複数の会計基準（日本基準，米国基準，IFRS 等）の中から自社に合った会計基準を選択することが認められている（**表6-1**）。

　すでに日本の企業においても欧州に事業展開し，IFRS を採用している大手企業も多数存在するが，本章においては，企業の規模にかかわらず日本の企業の多くが採用している日本基準（企業会計原則）をもとに論じることとする。

表6-1　日本で認められている会計基準と関連団体

会計基準	日本基準	米国基準	IFRS
主体 （民間機関）	企業会計基準委員会 （ASBJ）	財務会計基準審議会 （FASB）	国際会計基準委員会 （IASB）
当局 （公的機関）	金融庁 企業会計審議会	証券取引委員会 （SEC）	―

出所：経済産業政策局（2015）より筆者作成

1-3.　会計期間

日本の企業は，海外の企業と比較して会計期間が独特である。競合企業との業績を比較する場合，比較する企業との会計期間の違いについても意識する必要がある。

　1年をあらわす期間には，カレンダー通りの「年（CY：Calendar Year）」と企業（法人）が自由に設定できる「会計期間（FY：Fiscal Year, Financial Year）」がある。なお，企業会計では「会計期間」，官庁会計においては「会計年度」という用語が主に使用されている。

　日本以外の海外に本社を持つ企業の多くは，「年（CY）」と「会計期間（FY）」が一致しており，1月1日からその年の12月31日までを事業運営の1年間として設定している。日本においても個人事業主の場合は，会計期間が1月1日からその年の12月31日までの1年間と定められている。

　一方，日本の企業（法人）は，会計期間を自ら決めることができる。そのため，日本の多くの企業は，「年（CY）」と「会計期間（FY）」が異なっている。たとえば，ユニクロやGU等のアパレルブランドを展開するファーストリテイリングの会計期間は9月1日から翌年の8月31日で設定されている。

　ただし，多くの日本企業は会計期間（FY）を4月1日から翌年の3月31日までの1年間に設定している。これは，日本の政府や地方公共団体，各種学校等の歳入（収入）と歳出（支出）の区切りとされる期間（官庁会計における「会計年度」）が4月1日から翌年の3月31日と定められていることに倣っている。

　なお，会計期間と類似の用語に「事業年度」もあるが，事業年度とは法人税法上の税務申告に必要な法人の財産や損益を計算する単位となる期間のことである。企業において，基本的に会計期間と事業年度は一致する。

2.　損益計算書の要素

損益計算書（PL）とは，企業の会計期間における経営成績（業績）をあらわす企業の公式文書である。損益計算書からは，企業が会計期間において獲得した売上高と，そのために使用した費用，売上高から費用を差し引いた利益が記さ

れている。損益計算書の主な要素を，以下に示す。

2-1. 売上高

損益計算書は，売上高の記載から始まる。売上は企業が個々の取引で発生した収入であるが，売上高とは企業が本業で得た売上の総額であり，売上高は一定期間の売上の合計額である。

2-2. 売上総利益と売上原価

企業が本業の製品やサービスの製造や仕入の際に直接的に使用した費用を売上原価という。人件費のうち製造やサービスの提供に直接かかわる費用は，労務費として扱う。売上原価は，取引が成立した際に計上する。

売上高から売上原価を差し引いた金額が，売上総利益である。売上総利益は，実務においては粗利とも言う。売上総利益は本業の製品やサービスに直接かかわる活動からの利益である。

2-3. 営業損益と販売費及び一般管理費

売上総利益から販売費及び一般管理費を差し引いた金額が，営業損益（営業利益及び営業損失）である。営業損益は，企業が本業から得た利益であり，1年の会計期間の事業成果であるため，営業利益を獲得できることが望ましい。

販売費とは，企業の営業活動に支出した費用であり，製品製造に直接含まれない間接的な費用である。販売費には，従業員（販売員）の人件費や旅費交通費，広告宣伝費，代理店への販売手数料，接待交際費，荷造運賃，保管費等が含まれる。

一般管理費は，企業全体にかかわる一般的な管理業務で発生し，製品製造に直接含まれない間接的な費用である。一般管理費には，役員報酬，従業員（事務員等）やアルバイトの人件費，地代家賃，水道光熱費，福利厚生費，消耗品費，リース料，減価償却費等が含まれる。

減価償却費とは高額な資産を購入後，その資産の価値が時間とともに減少す

るとみなし，その資産を使用する期間（耐用年数）にわたって購入額を毎期の費用として均等に配分することである。耐用年数は，減価償却資産の品目ごとに法律（財務省令）で定められている。

　なお，将来に向けた投資である研究開発費も発生時に販売費及び一般管理費に計上される。

2-4.　経常損益から当期純損益まで

　経常損益とは，企業の本業以外も含めたすべての活動から得た利益または損失であり，営業損益から営業外損益（営業外収益または営業外損失）を差し引いて算出される。

　営業外収益は，本業以外から得る受取利息，受取配当金，有価証券利息，有価証券評価益，不動産賃貸料，為替差益，雑収入がある。営業外費用には企業の本業以外で発生する支払利息・社債利息・有価証券売却損，雑損失等がある。

　経常損益から会社の経常的な業務内容とは関係なく当期だけに例外的に生じた特殊事情を反映した多額の利益や損失である特別損益を差し引くと税引前当期純損益となる。

　特別利益とは，不動産などの固定資産の売却益や評価益，長期間保有している株式や証券売却による売却益である。特別損失には不動産などの固定資産の売却損や除却損，長期間保有している株式や証券売却による売却損失，火災・自然災害・盗難等による多額の損失，休業による損失，リストラ費用，情報漏えい対応費用，損害賠償対応費用等がある。

　税引前当期純利益が計上できると，法人税等の税金を支払うことになる。税金を支払った後に計上される企業の当期における最終成果となる損益が，当期純損益となる。

3.　損益計算書による競合分析

3-1.　競合分析の前提

　企業の財務情報から経営戦略の成果を確認するためには，単年のみの比較で

は企業の実力を見誤る恐れがあるため，中期（3年〜5年）や長期（10年〜20年）にわたる業績を用いて比較を行う必要がある。

　損益計算書を用いた競合分析では，企業が本社を置く国や通貨の違いを乗り越えて比較を行うことに留意する必要がある。そのためには競合比較に比率（％）を用いることが有効である。

　以下は主に比率を用いて競合比較を行う方法である。

3-2.　損益計算書の各要素における競合分析

（1）売上高に関する競合分析

　売上高では，競合企業と成長性や事業規模を比較することができる。事業規模については通貨単位を整合して売上高の規模を比較することになるが，事業の成長性の分析については比率を活用する。

　特定の業界に属する企業の成長を比較する場合には，過去の事業年度からの成長率を比較することが有効である。成長率の比較には年平均成長率（CAGR：Compound Average Growth Rate）を用いる。この手法を活用すれば，何年前の業績であっても競合企業と比較することができる。

【計算式（表計算ソフト向け）】

　CAGR（％）＝（N年度の売上高÷初年度の売上高）^（1÷（N-1））-1

　注意：上記の計算式は実務上，表計算ソフト（Excel等）を用いて計算することを前提とした。そのため，カッコについては ｜｜ ではなく（ ）のみを用いており，「^」はべき乗をあらわしている。

　ただし，前年度との成長率を比較する場合は，CAGRの計算式を用いなくても，以下の計算式が使用できる。

【計算式（前年度との比較向け）】

　成長率（％）＝（当年度の売上高-前年度の売上高）÷前年度の売上高

（2）売上総利益に関する競合比較

　売上総利益に関して競合比較を行う際には，売上原価ともに比率を活用する

表 6-2　業種別の売上高対売上原価率

業　　種	売上原価率
卸売業	85%
製造業	80%
建設業	77%
運輸業	77%
小売業	70%
サービス業	59%
不動産業	55%
情報・通信	52%
宿泊・飲食	36%

出所：中小企業庁（2024）より筆者作成

ことが有効である。

　ただし，売上高に対する売上原価の割合（売上高対売上原価率）は，業種ごとに異なるため，業種を超えて比較する際には注意が必要であり，売上高対売上総利益率に関しても同様である（**表 6-2**）。なお，売上高対売上総利益率について実務では粗利率と呼ぶこともある。

【計算式】

　売上高対売上原価率（％）＝売上原価÷売上高× 100

　売上高対売上総利益率（％）＝売上総利益÷売上高× 100

(3) 営業損益に関する競合分析

　営業損益に関して競合比較を行う際，まずは営業損益の金額実績を確認する。

　営業損益は，本業に関する経営業績をあらわしているため，比率で競合企業と比較する以前に営業利益（黒字）を計上できていることが重要である。多額の初期投資を行った創業当初を除き，企業は営業損失（赤字）を計上してはならないと認識すべきである。

　競合比較においては，売上高に対する営業利益の比較（売上高対営業利益率）を比較する。また，販売費及び一般管理費に計上されている研究開発費の計上

金額や売上高比率（売上高対研究開発比率）によって，将来に向けた投資の積極性に関して比較することもできる。

【計算式】

売上高対営業利益率（％）＝営業利益÷売上高×100

売上高研究開発費率（％）＝研究開発費÷売上高×100

(4) EBITDA（イービットディーエー：Earnings Before Interest, Taxes, Depreciation, and Amortization）

本業からの利益である営業利益を算出する際，企業の機械等への設備投資に対する減価償却費が差し引かれた値となる。特に企業が大規模な設備投資を実施した年度においては，実態としての営業利益とは乖離が生じる。

そこで，EBITDA では営業利益に減価償却費を足し戻して算出することで，設備投資による減価償却費の影響を除いた実態としての営業利益を算出することで企業の経営状況を正確に認識できるというメリットがある。

【計算式】

EBITDA＝営業利益＋減価償却費

EBITDA を売上高で割ると EBITDA マージンが導出される。この指標によって，企業は減価償却費の影響を除いた収益性を分析することができる。

3-3. 労働生産性

業務効率化や長時間労働に対する「働き方改革」等の機運が高まるとともに，アトキンソン（2020）を始めとして日本の企業が中小企業を中心に労働生産性が低いとの指摘があったことから，企業において労働生産性への注目が高まっている。労働生産性とは投入した労働量に対する産出量の割合である。労働投入量を従業員数とする場合には，労働生産性が「1人あたり付加価値額」となり，総労働時間とする場合には労働生産性が「1時間あたり付加価値額」となる。

【計算式】

労働生産性（円）＝付加価値額÷労働投入量

付加価値額（円）＝営業利益＋人件費＋減価償却費

労働投入量＝従業員数（人）あるいは 総労働時間（h）

第2節　貸借対照表による自社分析

1. 貸借対照表の要素

貸借対照表（BS）とは，企業の会計期間の最終日時点（決算日）における企業の保有資産，負債と純資産をあらわす企業の公式文書である。

英語で Balance Sheet（バランスシート）と呼ばれる通り，貸借対照表は企業の保有資産の合計額，負債と純資産の合計額が一致する。貸借対照表では，左側に資産，右側に負債と純資産を記載する。

1-1. 資産

貸借対照表は，早期に現金化できる内容から順に記載するというルールがある。資産については，貸借対照表の左側上から現金化しやすい流動資産，現金化しにくい固定資産に分類し順に記載する。その他にも繰延資産がある。

（1）流動資産

流動資産は，現金としてすぐに利用できる，あるいは1年以内に換金できる資産である。

流動資産には，現金，預金（普通，当座），受取手形，売掛金，未収金，有価証券（株券，債券），短期貸付金，棚卸資産等が含まれる。

受取手形とは，営業取引の決済時に受け取った手形債権（約束手形，為替手形等）である。売掛金は，本業で販売した商品やサービスに対する請求を後日実施し現金を受理する権利（債権）である。これに対して未収入金は本業以外の活動，たとえば，固定資産や有価証券の売却などによって得た債権である。

90

(2) 固定資産

固定資産とは，企業が長期間にわたり保有する資産や，1年を超えて現金化または費用化される資産である。金額は，取得時点での原価をもとに計算した評価額で示す。これは1年基準（ワンイヤールール）にもとづいており，決算日の翌日から起算して1年の期間を指す。

固定資産には，有形固定資産，無形固定資産，投資その他の資産の3種に分かれる。有形固定資産には土地や建物，機械設備が含まれる。このうち，建物や機械設備は，時間の経過とともに価値が減少する減価償却資産にあたり，決算日に減価償却を行う。減価償却では，取得原価から価値の減少分を控除し，決算日時点での固定資産の価額（帳簿価額）にする。これに対して，土地は経年劣化しないため非減価償却資産に分類される。

無形固定資産は，特許権，営業権等の形のない権利，ソフトウェア等の形のない資産である。このうちソフトウェアは減価償却資産にあたる。

投資その他資産は，投資を目的とした固定資産や1年を超えて現金化される固定資産である。長期保有する投資有価証券等がこれにあたる。

1-2. 負債

負債とは将来に向けて返済義務のある財産であり，貸借対照表の右上に記載する。負債は「流動負債」と「固定負債」に分類できる。

負債総額が資産総額を上回ってしまう状態を「債務超過」と呼び，早急な対策が必要となる。

(1) 流動負債

流動負債とは，決算日の翌日から起算して1年以内に支払期限を迎える債務である。買掛金，支払手形，短期借入金，未払金，未払費用，前受金等が流動負債にあたる。

買掛金とは，本業にかかわる商品や原材料，サービスの代金を後から支払うことにした義務（債務）である。これに対して，未払金は本業以外の非継続的

な取引から生じた債務である。

　短期借入金とは，返済期限が1年以内に設定された借入金である。

（2）固定負債

　固定負債とは，1年以内に支払い義務が発生しない負債である。固定負債には，社債，長期借入金等がある。

　社債とは，企業が市場から設備投資や事業資金等の多額の資金を集めるための手段である。社債には満期が設定され，満期までの期間には所定の利率で利息が支払われる。投資家には社債の満期になると元本も返還される。

　長期借入金は，返済期限が1年を超える借入金である。借入期間が1年以上であっても最後の返済期間が決算日の翌日から起算して1年を切っている場合は，短期借入金に分類する。

1-3.　純資産

　純資産とは，外部に返済する義務のない企業の資産である。貸借対照表上では，資産から負債を控除した額と一致する。

　純資産には，株主資本（資本金，資本剰余金，利益剰余金，自己株式），評価・換算差額，新株予約権等がある。

　資本金とは，事業の基礎（元手）となる資金であり，株主による出資と，株式と引き換えに出資者から集めた資金を合わせた資金である。資本剰余金は株主から払い込まれた資金のうち，資本金として計上しなかった資産である。

　利益剰余金は，企業が事業で得た利益のうち，株主に配当されず，企業が積み立てた資金である。実務上は，利益剰余金を「内部留保」と呼ぶこともある。特に日本の企業は，リスク対策のため利益剰余金（内部留保）を貯め込む傾向にある。

　自己株式とは企業が発行した株式のうち，株主から買い戻し，自社で保有する株式である。新株予約権とは，事前に決めた価格や条件で新株の交付を受けられる権利である。

2. 貸借対照表による自社分析

　貸借対照表は，損益計算書と異なり，企業の個性が反映される。損益計算書は，決算年度における経営成績を横並びで比較でき，企業の成長や規模，収益性の違いを競合比較に適している。しかし，貸借対照表は同じ業種や業態であっても資産，負債，純資産の持ち方に経営者や企業の個性があらわれるため，単純に比較し良し悪しを判定することができない。こうした企業ごとの個性を踏まえ，貸借対照表からは企業の安全性や収益性について分析できる。

2-1. 安全性

（1）流動比率

　流動資産と流動負債には，1年以内に動く現金が計上されている。両者を比較すると，短期間での資金繰りの状況が把握できる。

　流動比率は，流動資産で流動負債の何割を支払えるか，という視点から，企業の安全性を分析できる。

　流動比率が100％を下回る場合，短期的な資金繰りに問題が生じており，危険な状態にある。一方，120％以上であれば安全であり，200％以上であれば安全性はかなり高い優良企業である。

【計算式】

　流動比率（％）＝流動資産÷流動負債×100

（2）自己資本比率

　純資産は，自己資産という言い方もする。総資産に占める純資産の割合は，企業の安全性や持続可能性を判断するための指標としても扱われる。

　自己資本比率が高いほど総資産に占める負債の割合は少なくなるため，経営の安全性は高くなる。自己資本比率は40％以上であれば倒産しにくい安全性の高い企業であり，70％以上であれば理想的である。

　日本の企業は将来のリスクを警戒し，企業によっては純資産における利益剰余金（内部留保）を増やし，自己資本比率を高めることを優先している場合もあ

る。ただし，利益剰余金には将来の投資資金という役割もあるため，これを使わず貯め込むことは将来に向けた成長戦略を阻害している可能性がある。そのため，自己資本比率と，研究開発費や設備投資とのバランスを考えることが重要である。

【計算式】

　自己資本比率（%）＝純資産÷総資産×100

2-2.　収益性

（1）　自己資本利益率（ROE：Return On Equity）

　自己資本利益率は，当期純利益に対する純資産（新株予約権を除く）の割合である。株主から調達した資金と内部留保していた利益剰余金を元手に利益を効率的に稼いでいるかが確認できる。自己資本利益率が高い場合，株主から調達した資金等が有効に活用されていることになる。

【計算式】

　自己資本利益率（%）＝当期純利益÷純資産

（2）　総資産利益率（ROA：Return On Asset）

　総資産利益率は，当期純利益に対する企業が保有している総資産の割合である。企業が自社の保有する総資産から効率的に利益が創出できているかを認識することができる。

【計算式】

　総資産利益率（%）＝当期純利益÷総資産

　注意：上記の計算式の利益については，当期純利益に限らず，営業利益，経常利益で計算
　　　　する場合もある。

第3節　キャッシュフロー計算書と企業の寿命

1. キャッシュフロー計算書とは

キャッシュフローとは，会計期間における企業の現金（および現金同等物）の流入と流出の差額である。企業会計において現金が入ってくることをキャッシュイン，出ていくことはキャッシュアウトと言う。キャッシュフロー計算書は，複数年度の損益計算書と貸借対照表を活用して作成する。キャッシュフロー計算書には，営業活動によるキャッシュフロー，投資活動によるキャッシュフロー，財務活動によるキャッシュフローの3つの区分がある。

(1) 営業活動によるキャッシュフロー

営業活動によるキャッシュフロー（以下，営業キャッシュフロー）とは，企業の営業活動に伴う現金の収支をあらわす。営業キャッシュフローからは，売上による現金収入や仕入や経費の支払いに関する現金支出等，本業の営業活動を通じた現金の動きを把握することができる。

(2) 投資活動によるキャッシュフロー

投資活動によるキャッシュフロー（以下，投資キャッシュフロー）とは，設備投資等による現金の流出と，有価証券の取得と売却，有形固定資産の取得と売却，投資有価証券の取得と売却などの資金運用による現金の収支をあらわす。

(3) 財務活動によるキャッシュフロー

財務活動によるキャッシュフロー（以下，財務キャッシュフロー）とは，資金調達に関連する現金の収支をあらわす。金融機関等からの借入金や返済，株式や社債の発行，配当金の支払い等による現金の増減によって決まる。財務キャッシュフローの増減は，企業の経営方針や経営者の意志決定によって変わる。

表6-3 キャッシュフローと企業のライフサイクル

	参入期	成長期	成熟期	衰退期	
営業キャッシュフロー	−	+	+	−	−
投資キャッシュフロー	−	−	−	+	+
財務キャッシュフロー	+	+	−	+	−

出所：Dickinson（2011）より筆者作成

2. キャッシュフロー計算書に見る企業のライフサイクル

キャッシュフロー計算書からは，企業のライフサイクルを把握することもできる（Dickinson, 2011）。企業のライフサイクルを参入期，成長期，成熟期，衰退期に分類し，キャッシュフロー計算書の3つの区分と掛け合わせると企業の状況が見えてくる（**表6-3**）。

(1) 参入期

参入期には，企業の本業の営業活動が立ち上がっておらず，現金が獲得できないため，営業キャッシュフローがマイナスになる。事業の初期段階であるため投資もかさみ，投資キャッシュフローもマイナスになる。一方，事業を立ち上げるため借入金が多くなり財務キャッシュフローはプラスになる。

(2) 成長期

成長期には，企業の本業が立ち上がり営業活動から多くの現金が得られるため営業キャッシュフローはプラスになる。ただし，成長市場であるからこそ競合企業との競争が激しく行われているため，投資キャッシュフローはマイナスのままである。出費がかさむ分，借入金も多くなり，財務キャッシュフローはプラスになる。

(3) 成熟期

成熟期には，競合企業との競争に勝ち残り，現金収入が増え，営業キャッシュフローはプラスになる。儲かった現金を投資有価証券の取得等に回すため，

投資キャッシュフローはマイナスのままである。ただし，新たな設備投資や広告宣伝費への支出は必要なくなり，借入金を返済し財務キャッシュフローはマイナスになる。

（4）衰退期

衰退期には，本業の市場が縮小することで現金収入が減り，営業キャッシュフローが再びマイナスになる。これを補填するため，これまで投資した有価証券や遊休の不動産等を売却し現金を得ることで，投資キャッシュフローはプラスになる。財務キャッシュフローは企業の財務状況によって借入金を増減するためプラスとマイナスの双方の可能性がある。

【参考文献】

Dickinson, V.（2011）Cash flow patterns as a proxy for firm life cycle, *The Accounting Review* 86：1-45.
企業会計基準委員会（2025）「企業会計基準」。
経済産業政策局 企業会計室（2015）「企業会計制度をめぐる動向」。
財務省（2024）「減価償却資産の耐用年数等に関する省令及び法人税法施行規則の一部を改正する省令（令和六年財務省令第六十三号）」。
中小企業庁（2024）「令和5年中小企業実態基本調査（令和4年度決算実績）確報」。
デービッド・アトキンソン（2020）『日本企業の勝算　人材確保×生産性×企業成長』東洋経済新報社。

第7章　ドメインの定義とコア・コンピタンス

第1節　ドメインの定義

1.　ドメイン

1-1.　ドメインとは

　企業の資源は有限であるため，優れたミッションにもとづく経営を進めていても，創業当初から想定される市場の全方位に事業を展開することは困難である。そこで，企業はドメインを設定する。ドメインとは，企業が競争優位性を発揮できると判断し定義した主要な経営活動の範囲である。

　たとえば，アマゾン（Amazon.com）を創業したジェフ・ベゾス（Jeff Bezos）は，1994年の創業当初，本格的に立ち上がりつつあったEC（Electric Commerce，電子商取引）と書籍市場に着目した。ECで扱うために候補となる製品を20種類リストアップした上で，世界に広がる文学市場の市場規模，書籍の価格の低さ，市場に出回る可能性のある膨大な数量を勘案し，書籍製品ならばオンラインショップ上で無限の品揃えを実現でき，競争優位性を確保できると考え，書籍領域のECにドメインを設定した（Stone, 2013）。

　このように，自社が競争優位性を発揮できるドメインの選定は，その後の事業成長とミッションの実現において重要である。

1-2.　企業のドメインと事業コンセプトの相違点

　第1章では，事業コンセプトについて論じた。事業コンセプトの対象は，特定の事業であった。一方，ドメインの対象は，企業全般である。そのため，企業が定義したドメインは，各事業の事業コンセプトを内包する。企業のドメイ

ンも事業コンセプトと同様，誰に（市場や顧客），何を（製品やサービス），どのように（提供方法）の3つの要素について定義を行うが，定義する範囲が異なる。

誰に（市場や顧客）については，企業が経営活動を遂行する上でのターゲットの設定である。ドメインの定義にあたっては，企業の経営活動全体の視点から市場や顧客領域を選定する。

何を（製品やサービス）については，個別の製品サービスではなく，企業が提供する価値（Value Proposition，バリュープロポジション）について定義する。ドメインの定義においては，製品やサービス自体は構成要素の一部であり，企業としてどのような価値を提供するのか，というバリュープロポジションが重要な要素になる。バリュープロポジションについては第8章で詳述する。なお，顧客に価値を提供する前提には，企業の真の強みであるコアコンビタンスを活用できることが必要になる（第4章参照）。

どのように（提供方法）については，製品やサービス単体での提供方法にとどまらず，企業としての川上（素材・メーカー）から川下（小売）までの統合的なサプライチェーンを想定し定義する。特に対象市場が拡大し，海外に市場が拡大すると，国内のサプライチェーンは海外へと延び，グローバルサプライチェーンが形成される。グローバル経営については第10章において詳述する。

2. ドメイン設定のプロセス

企業がドメインを定義するためのプロセスは，経営戦略の策定プロセスと一致する。企業はミッションにもとづき，企業外部経営環境の分析として，市場環境分析と競合企業との競争環境を分析する。同時に企業内部の経営環境分析として，企業の経営資源に関する分析を行う。

企業は，外部環境分析と内部環境分析を通じて，自社の市場におけるポジションを理解する。自社のミッションを実現するために，自社のポジションを踏まえてドメインを定義する。企業はドメインを定義した後も，外部環境分析と内部環境分析を継続的に実施し，環境の変化に応じてドメインを再定義する。企業は，ドメインの定義を的確に行うことで，的確な経営戦略を策定できる。

3.　ドメインの再定義

　ドメインは，一旦，設定し定義した後，市場や企業自体の変化に合わせて，再定義することができる。なお，ミッションは企業の根幹であり，基本的に変更しない。ドメインの変更には，外部環境と内部環境の変化の両方の要因がある。

3-1.　外部環境の変化によるドメインの再定義

　外部環境では，経営環境の変化，特にPESTの視点から，政治環境の変化（政府による規制の強化や緩和等），経済環境の変化（為替の変動等），社会の変化（消費者の環境重視の姿勢等），技術（イノベーションによる既存技術の陳腐化等）が企業にドメインの再定義を迫ることがある。

　近年では，事前に予測できないブラックスワン事象（新型コロナウイルス感染症（以下，COVID-19），大震災，線状降水帯の発生による豪雨等）が突発的にドメインの再定義を迫る事態も発生している。

　たとえば，COVID-19以降，店舗内のみで飲食物を提供していた飲食店がテイクアウト領域にドメインを拡張せざるを得なくなった。飲食店のテイクアウト領域を専業とする出前館やUBER EATS等の企業もあらわれた他，COVID-19以降も大手の飲食チェーン店を中心にテイクアウトでの飲食商品の提供が定着した。また，第3章の「5つの競争要因」のそれぞれの要因（競合企業との競争，売り手の交渉力，買い手の交渉力，新規参入者の脅威，代替品の脅威）の変化が企業にドメインの再定義を迫ることになる。

3-2.　内部環境の変化によるドメインの再定義

　内部環境の変化も，企業がドメインの再定義を行う理由となる。主に自社の業績の変化があげられる。壮大なミッションを掲げた企業であっても，事業開始当初のドメインは限られた市場や顧客を対象としている。その後，企業の業績が成長し事業規模が拡大すると，企業はミッションの実現に向けて，ドメインを再定義し拡張することになる。逆に，企業の業績が伸び悩む場合，企業はドメインを再定義し縮小することもある。

　先述のアマゾンも，EC 事業において書籍領域にドメインを定義し事業を開始した後，書籍領域で業績成長を果たすと，日用品や電化製品にドメインを再定義して拡張した。さらにアマゾンの事業成長に合わせて，クラウドサービス（AWS：Amazon Web Services）領域や，動画・音楽のストリーミングサービス（Amazon Prime Video, Amazon Music 等）領域までドメインを拡張する等，企業の業績の成長に合わせてドメインの再定義を続けている。

第 2 節　ドメインの導出

1. SWOT 分析

1-1. SWOT 分析とは

　企業がドメインを導出するため，内部環境と外部環境の視点から経営環境を分析するフレームワークに SWOT 分析がある。内部環境とは，企業が保有する経営資源であり，企業が自社で変えることができる環境である。一方，外部環境とは，企業を取り巻く経営環境であり，企業自身では変えることが困難な環境である。

　SWOT 分析とは，企業の内部環境における強み（Strength），弱み（Weakness）と，企業の外部環境である機会（Opportunity），脅威（Threat）を分析し，それぞれの象限にマッピングすることで，自社のポジションを客観視し，経営戦略

	内部環境 （自社で変えることができる）	外部環境 （自社で変えることは難しい）
プラス要素	強み（Strength） 自社のコアコンピタンスは何か	機会（Opportunity） 自社にとって有利な環境変化
マイナス要素	弱み（Weakness） 自社よりも競合が優位な要素	脅威（Threat） 自社にとって不利な環境変化

図 7-1　SWOT 分析

出所：Andrews（1971）をもとに筆者作成

の方向性を明確にする取り組みである。なお，企業の外部の経営環境については，第2章で論じたPEST分析を活用する（Andrews, 1971）(**図7-1**)。

1-2.　SWOT分析の要素

(1) 内部環境：強み (Strength)

企業の真の強みとは，自社のコア・コンピタンスである（第4章参照）。ただし，SWOT分析では，コア・コンピタンスとは言い切れないまでも，現時点での競合企業と比較して競争優位を確保している要素や，自社に利益をもたらす要因を強みとして取り上げる。

たとえば，企業にとって強みとなる経営資源としては，優秀な人材（人的資源），自社だけが保有している機械設備（物的資源），豊富な資金力（資金），ビッグデータ（情報資源）が該当する。なお，一時的な強みであっても，他の要素と組み合わせることで，経営戦略の策定やドメインの定義に活かせることがある。実務的には，内部環境である強みと，外部環境である機会を混同する傾向にある。自社で変更できる要素であるかを基準に分類する。

(2) 内部環境：弱み (Weakness)

企業の弱みは，主に経営資源の不足等から発生する要素である。競合企業と比較し，競争優位性を得られていない要素を取り上げる。

たとえば，企業にとって弱みになる経営資源としては，人材不足（人的資源），古い設備（物的資源），過大な借入金（資金），デジタル化の遅れ（情報）が該当する。

実務的には，外部環境である脅威と混同する傾向があるため，強みと同様，自社で変更できる要素であるかを基準に分類する。

(3) 外部環境：機会 (Opportunity)

外部環境における機会とは，自社にとって有利な環境変化である。機会は企業単独の活動では変更する影響力は持たないが，企業には多大なる影響をもたらす要因である。

たとえば，経営環境に関する PEST 分析の視点からは，企業に有利な規制緩和（政治面），景気拡大（経済面），企業に有利なユーザーニーズの発生（社会面），企業に有利な新技術の普及（技術面）が該当する。

（4）外部環境：脅威（Threat）

外部環境における脅威とは，自社にとって不利な環境変化である。脅威は企業単独の活動では変更する影響力は持たないが，企業には多大なる影響をもたらす要因である。

たとえば，経営環境に関する PEST 分析の視点からは，企業に不利な規制緩和（政治面），景気後退・不景気（経済面），企業に不利なユーザーニーズの変化（社会面），企業に不利な新技術の普及（技術面）が該当する。

2. SWOT 分析の実務的手法

実務において SWOT 分析を実施する場合には，経営戦略を検討するメンバーでチームを組み，ブレインストーミング（brainstorming）の手法の活用が有効である。

ブレインストーミングとは複数の人がチームを組み，テーマに対して自由に意見を出し合い独創的なアイデアを引き出す集団思考法である（Osborn, 1952）。ブレインストーミングの実施にあたっては，①他の人の意見を評価・批判しない，②変わった発言を歓迎する，③質より量を重視，④アイデアをまとめる，という4つの原則がある。

SWOT 分析により経営戦略を検討するチームには，議論を主導する役割としてファシリテーターを設置する。自由な雰囲気を作り出すとともに，メンバー間のコミュニケーションを促進することで，できる限り多くの要素を書き出してもらう。書き出すためには付箋紙を活用する。類似した要素はグループしながら，模造紙やホワイトボードに貼り出した SWOT 分析の4象限の何れかにあてはめていく。メンバー間の交流が深く進むほど，参加者の視野が広がり，経営戦略におけるドメインの定義に向けた議論が深まる。なお，近年では，オ

ンライン上でも作業者が画面共有を行いながら，仮想空間上の付箋に記述し，貼り出すアプリケーションも活用されている。

3. SWOT 分析マトリクス

ドメインの定義において，SWOT 分析は有効なフレームワークではあるが，戦略的な意思を持たずにフレームワーク上に事実を羅列しても，優れた成果は得られない。「戦略的な意思」とは，企業の経営戦略における戦略オプション（選択肢）を生み出し，保有しておくということである。あるいは，SWOT 分析の要素をかけあわせた SWOT 分析マトリクスを活用することで，複数の戦略オプションを生み出すことができる。

SWOT 分析マトリクスは，経営資源である内部環境（強みと弱み）の要素と経営環境である外部環境（機会と脅威）の要素をかけあわせることで，4 象限の戦略オプションを生み出すことができる（**表7-1**）。

表7-1　SWOT 分析マトリクス

経営環境 ＼ 経営資源	強み（strength）	弱み（weakness）
機会 （opportunity）	強みを活かし機会を とらえる戦略	機会をとらえるため 弱みを克服する戦略
脅威 （threat）	脅威を回避しながら 強みを活かす戦略	脅威を回避するため 市場参入を慎重に検討

出所：Andrews（1971）をもとに筆者作成

3-1.「機会×強み」の戦略オプション

最も有効な戦略オプションを生み出す象限が，市場の「機会」と自社の「強み」を掛け合わせる戦略である。「機会×強み」の象限からは，成長が見込める市場において企業のコア・コンピタンスを活かした戦略オプションを生み出すことができる。実現可能性の高い戦略オプションをより多く生み出すため，SWOT 分析の段階から，意識して多くの「機会」と「強み」の要素をあげるように努めることが有効である。企業は「機会×強み」の戦略オプションを積

極的に実現するべきである。

3-2. 「脅威×強み」の戦略オプション

　この象限において企業は，経営環境における脅威を回避するか，脅威からの影響を軽減しながら，自社の強みを活かす戦略オプションを検討する。企業は，市場の脅威を跳ね返すため，コア・コンピタンスにもとづく差別化戦略を生み出し，実現を目指すべきである。

3-3. 「機会×弱み」の戦略オプション

　この象限において企業は，機会に乗じるために，自社の弱みを克服する戦略オプションを検討する。自社にとって機会に見える市場環境は，本来，有利な市場変化であるはずである。市場の機会に乗り切れない事情を生み出している自社の弱みを特定し，早急に弱みを取り除く必要がある。特にこうした弱みのある企業の事例では，人的資源や組織上の課題を抱えていることが多い。そのため，人事評価制度や目標管理制度を見直す等の対策が求められる。

3-4. 「脅威×弱み」の戦略オプション

　この象限において企業は，市場の脅威を軽減するために自社の弱みを補強する必要に迫られている。この戦略オプションを必要とする企業は，もともと市場で大きな市場占有率を確保していた企業がこの戦略オプションを検討せざるを得ない状況に追い込まれていることが多い。5つの競争要因における「代替品の脅威」や「新規参入の脅威」に直面したため，至急，自社の弱みを克服しなければならない緊急事態であると考えられる。なお，企業はこの戦略オプションにおいて特定の事業領域からの撤退を余儀なくされることも念頭に置く必要がある。

第3節　ナレッジ・マネジメント

1. ナレッジ・マネジメントとは

　野中・竹内 (1995) は，ナレッジ・マネジメント (knowledge management) とは，組織におけるダイナミックな知識創造プロセスであると表現した。ナレッジ (knowledge) とは知識である。企業にとってナレッジ・マネジメントとは，企業内の個人に散在している知識を共有して，全社的な問題解決能力を高めるための戦略手法であるとも言える。その際，社内の有用な知的資産はすべてナレッジ・マネジメントの対象である。ナレッジ・マネジメントにおいて社内の知的資産は2種類に分類される。

(1) 暗黙知

　暗黙知とは，言葉や文章であらわすことが難しい主観的で身体的な知識である。

(2) 形式知

　形式知とは，言葉や文章で表現することができる客観的で理性的な知識である。

2. ナレッジ・マネジメントのプロセス

2-1. SECI モデルとは

　野中・紺野 (2003) は，ナレッジ・マネジメントのプロセスとして SECI モデルを提唱した。SECI モデルとは，企業が組織のナレッジである「暗黙知」と「形式知」を通じて，組織ならではのナレッジを蓄積し活用することで，他社には模倣しにくいコア・コンピタンスを形成するプロセスである。

　SECI モデルは，ナレッジ・マネジメントのプロセスに沿い，「共同化 (Socialization)」，「表出化 (Externalization)」，「連結化 (Combination)」，「内面化 (Internalization)」の頭文字をもとに名付けられている。

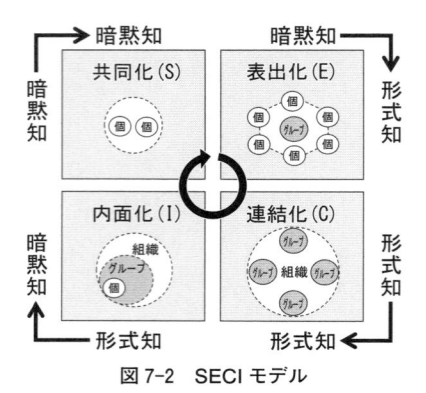

図 7-2　SECI モデル

出所：野中・紺野（2003）より筆者作成

2-2.　SECI モデルのプロセス

SECI モデルは，以下の 4 つのプロセスを繰り返すことで，ナレッジ・マネ
ジメントを展開する（**図 7-2**）。

（1）　**共同化**（Socialization）

SECI モデルにおける共同化とは，身体や五感を使い，直接的に経験を通じ
て暗黙知を共有し創出することである。このプロセスでは個人から別の個人に
暗黙知が共有される。

共同化においては，さらに以下の 4 つのプロセスを遂行する。

① 社内を歩き回ることで，個人が暗黙知を獲得する。

② 社外を歩き回ることで，個人が暗黙知を獲得する。

③ 個人が暗黙知を蓄積する。

④ 個人から別の個人へ暗黙知を伝授し移転する。

（2）　**表出化**（Externalization）

SECI モデルにおける表出化とは，対話と思索による概念やデザインの創造
である。個人が集まりグループとなることで暗黙知が形式知化されるプロセス
である。

　共同化に続き，表出化においては以下の2つのプロセスを遂行する。

⑤ 個人が持つ自己の暗黙知を表出させる。

⑥ 個人が集まってグループとなり，個人の暗黙知からグループの形式知へと
　 置き換え，翻訳する。

(3) 連結化 (Combination)

　SECI モデルにおける連結化とは，形式知を組み合わせることによって，新
たな知識を創造し，情報として活用することである。このプロセスではグルー
プが持つ形式知を組織全体の形式知に昇華させる。

　前の2つのプロセスに続き，連結化では3つのプロセスを遂行する。

⑦ グループが組織の別のグループから新たな形式知を獲得し統合する。

⑧ 多様なグループが組織において形式知を伝授し普及させる。

⑨ 組織において形式知を編集する。

(4) 内面化 (Internalization)

　SECI モデルにおける内面化とは，形式知を行動と実践のレベルで伝達し，
新たな暗黙知として理解し学習することである。組織レベルでわかりやすく編
集された形式知がグループや個人に伝えられ，この形式知を学習して理解した
グループや個人がこれまでになかった新たな知識を暗黙知として生み出すとい
うプロセスである。

　前の3つのプロセスを受けて，内面化では2つのプロセスを遂行する。

⑩ グループや個人が組織の形式知をもとに行動し実践することで形式知が内
　 面化される。

⑪ グループや個人が組織の形式知をもとにシミュレーションや実験を行うこ
　 とで形式知が内面化される。

　企業は内面化の後，再び共同化のプロセスへと移行し，SECI モデルが繰り
返される。この SECI モデルの繰り返しによって，企業の知識のレベルは高まる。

企業はコア・コンピタンスにもとづき，組織に根付き進化する知識を活かして，ドメインを定義する。

【参考文献】

Andrews, K. R. (1971) *The Concept of Corporate Strategy*, Dow Jones-Irwin.（山田一郎訳『経営戦略論』産能大学出版部，1976 年。）

Osborn, A. F. (1952) *Wake Up Your Mind: 101 ways to develop creativeness*, Charles Scribner's Sons.（豊田晃訳『創造力を生かす―アイディアを得る 38 の方法』創元社，2008 年。）

Stone, B. (2013) *The Everything Store: Jeff Bezos and the Age of Amazon*, Little, Brown and Company.

野中郁次郎・紺野登 (2003)『知識創造の方法論』東洋経済新報社。

野中郁次郎・竹内弘高 (1995) *The Knowledge Creating Company*, Oxford Univ Press.（梅本勝博 訳『知的創造企業』東洋経済新報社，1996 年。）

第*8*章　ビジネスモデルとビジネスシステム

第1節　ビジネスモデル

1. ビジネスモデルとは

1-1. ビジネスモデルとビジネスシステム

　加護野・井上 (2004) は，ビジネスモデルに関連して，モデル（model）とシステム（system）の差異について論じた。

　定義の視点からは，モデルが設計の思想である一方，システムは独自の仕組みを指す。学問の視点からは，モデルが理想をあらわし社会的な仕組みである一方，システムは現実をあらわし個別的な仕組みである。競争優位の視点からは，モデルが模倣可能な標準的な仕組みである一方，システムは競合企業が模倣困難な企業独自の仕組みである。よって，ビジネスモデルとは企業にとって理想的で模倣が可能な設計思想であり，ビジネスシステムとは他の企業が模倣困難なその企業独自の仕組みである。企業は，理想的で優れたビジネスモデルを模倣し活用することで，競合企業にとって模倣困難な企業の独自のビジネスシステムを構築する。このビジネスシステムが企業にとって競争優位の源泉となる。

1-2. ビジネスモデルの見える化

　企業は事業成長の過程において，他社の優れたビジネスモデルを取り入れる際には，ビジネスモデルを見える化し，仕組みを理解することが有効である。板橋 (2010) は，ビジネスモデルの見える化の手法として，ピクト図解を提唱した。ピクト図解はエレメント，コネクタ，オプションという簡潔な要素でビ

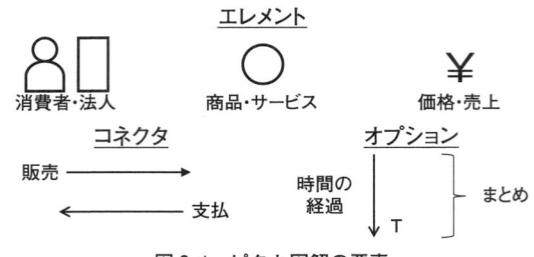

図 8-1　ピクト図解の要素

出所：板橋（2010）より筆者作成

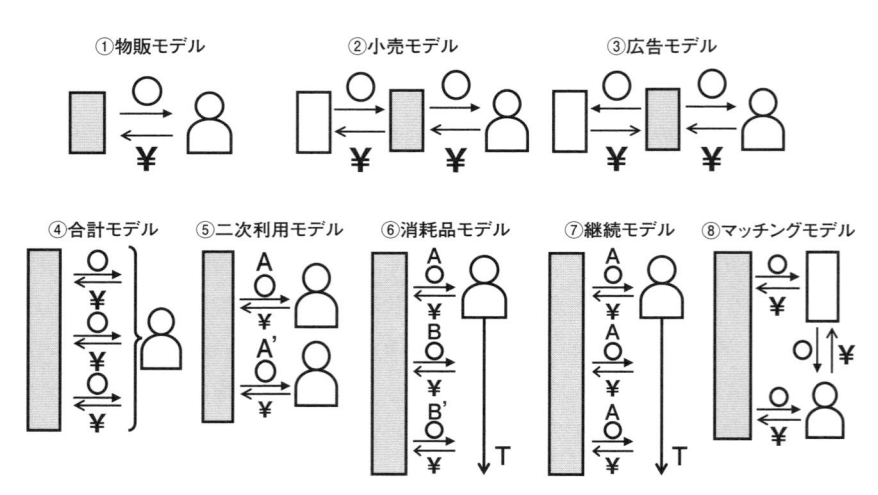

図 8-2　ピクト図解によるビジネスモデルの類型化

注記：色付きの部分はビジネスの主体である。
出所：板橋（2010）より筆者作成

ジネスモデルを表現することができる（**図 8-1**）。

　企業は，ピクト図解を用いてビジネスモデルを 8 つに分類できる（**図 8-2**）。

（1）物販モデル

　物販モデルは，企業が自社で製造した製品を自ら販売する自己完結型のビジネスモデルである。

（2）小売モデル

　小売モデルは，企業が取引先から商品を仕入れ，その商品を顧客に販売する取引先を前提としたビジネスモデルである。たとえば，デパートなどが採用している。

（3）広告モデル

　広告モデルは，企業が顧客に広告を販売し，その対価を元手にして，別の顧客に商品やサービスを安く，あるいは，無料で提供するというビジネスモデルである。たとえば，民放テレビ局は，企業にテレビCMの広告枠を販売し，その広告収入をもとにして，消費者に無料でテレビの放送サービスを提供する。

（4）合計モデル

　合計モデルは，企業が特別価格を設定し，顧客から注目を集め，顧客に通常価格の商品もまとめて購買してもらうビジネスモデルである。たとえば，スーパーマーケットはチラシに特売品や割引品を掲載して注目を集め，来店した消費者に通常価格の商品も合わせて購入してもらっている。

（5）二次利用モデル

　二次利用モデルは，企業が一度販売した商品を回収して再利用し，顧客に同じ商品を再び販売するビジネスモデルである。たとえば，ロケットを製造する企業がロケットの打上げ後，ロケットブースターを回収し，次回の打ち上げに再利用する事例がある。

（6）消耗品モデル

　消耗品モデルは，企業が商品の主要機器を低価格，あるいは，無料で販売した後，消耗品部分のみを比較的高価な価格で販売し，顧客に消耗品を買い続けてもらうビジネスモデルである。たとえば，プリンター本体を低価格で販売し，トナー（消耗品）を比較的高価格で販売し続けるプリンターメーカーがこのビジ

ネスモデルを採用している。

(7) 継続モデル

継続モデルとは，顧客が1つの製品やサービスを使い続ける中で，定期的に定額料金を顧客に支払い続けてもらうビジネスモデルである。たとえば，通信キャリアは一旦，顧客にスマートフォンを購入してもらうと，その後，顧客は通信キャリアに基本使用料金や通信料等を毎月支払い続けることになる。

(8) マッチングモデル

マッチングモデルでは，企業がニーズを持ったステークホルダー同士をマッチングするサービスを提供し，マッチングした顧客の双方から手数料を受け取るというビジネスモデルである。たとえば，企業がアプリケーションを通じてレストランと消費者をマッチングするフードデリバリーサービスや配車サービス等がある。

2. ビジネスモデルの組み合わせ

ビジネスモデルの類型は個別に活用するだけではなく組み合わせて活用する。

たとえば，キリンホールディングス（以下，キリン）のタップマルシェ（Tap Marché）の事例では，消耗品モデルと小売モデルを組み合わせたビジネスモデルで構成している。タップマルシェでは，キリンが専用のビールサーバーと，3ℓ入りペットボトルに入ったクラフトビールを提供し，消費者が飲食店で多様な地域のクラフトビールを味わえるサービスを提供している。

このビジネスモデルでは，キリンがまず飲食店に専用のビールサーバーを提供して設置してもらい，その後，飲食店にタップマルシェ専用のペットボトルに入ったクラフトビールを販売する。キリン（2018）によると，専用ペットボトルには内部に炭素の薄い膜が張られており，この技術（DLC コーティング）は自社開発した。従来はペットボトルの微細な穴から入る空気でビールが変質してしまうため，ビールをペットボトルには入れられなかった。しかし，DLC

コーティング技術によりビールを変質させずペットボトルに入れ，流通させることができるようになった。

　さらに，キリンは飲食店が専用ペットボトル入りクラフトビールを高頻度で購入する魅力を加えるため，著名なクラフトビールのブランド（ヤッホーブルーイング等）と提携し，その著名ブランドのクラフトビールを専用ペットボトルに入れて飲食店に販売することで，より多くの飲食店の顧客を獲得している。また，飲食店がタップマルシェ本体を導入する際には本体を無償で提供している。

　このビジネスモデルでは，消耗品モデルと小売モデルの 2 つのビジネスモデルが活用されている（**図 8-3**）。

　消耗品モデルでは，専用ペットボトルを消耗品としてキリンからクラフトビール会社に販売し，専用ペットボトルに入ったクラフトビールをキリンから飲食店に消耗品として継続的に販売する仕組みが構築されている。

　小売モデルでは，キリンが専用ペットボトル入りクラフトビールをクラフトビール会社から仕入れて飲食店に販売し，飲食店はキリンから仕入れた専用ペットボトル入りクラフトビールをタップマルシェからグラスに注ぎ，消費者に販売している。

　このように，ビジネスモデルは基本類型を組み合わせることで魅力あるビジ

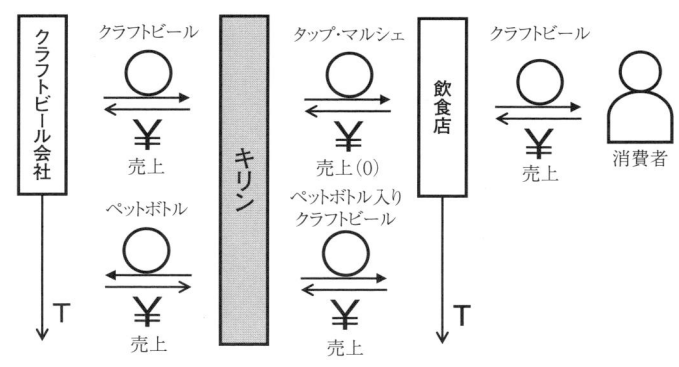

図 8-3　ビジネスモデルの組合せ（タップマルシェの事例）

出所：企業情報と板橋（2010）をもとに筆者作成

ネスシステムに進化させることができる。

第2節　バリュープロポジションとビジネスモデル

1. バリュープロポジションとは

　企業は，ビジネスモデルの構築にあたり，事業のターゲットとなる顧客を特定し，その顧客のニーズを理解した上で，顧客にとって価値のある製品やサービスを提供しなければならない。企業がターゲットとなる顧客セグメント（CS：Customer Segments）を特定して，顧客の抱えている課題を解決し，顧客のニーズを満たす価値を提供する取り組みをバリュープロポジション（VP：Value Proposition, 価値提案）と言う。バリュープロポジションは，製品やサービスを顧客が選択する理由となる。

　バリュープロポジションは，対象となる顧客セグメントによって，定量的な価値（価格戦略，性能や機能の向上，サービス内容，効率化やコスト削減，提供スピード等）であることもあれば，定性的な価値（新規性，優れたデザイン，新たなブランド，リスク低減，使いやすさや快適さ等の顧客体験，顧客に合わせたカスタマイズ等）であることもある。あるいは，市場に破壊的な影響をもたらすような革新的な価値であることもあれば，既存製品に対して機能を追加しただけの価値であることもある。

2. バリュープロポジションを導き出す

　企業は，新たなビジネスモデルを構築する際，顧客ニーズを満たすバリュープロポジションを導き出す必要がある。

　オスターワルダー他（Osterwalder et al., 2015）は，バリュープロポジションを導き出すツールとして「バリュープロポジション・キャンバス（value proposition canvas）」を提唱した。（**図 8-4**）。

　企業は，ターゲットとなる顧客セグメントにおいて，「顧客が得るもの」と「顧客の痛み」をもとに「顧客の仕事（customer jobs）」を明らかにする。「顧客

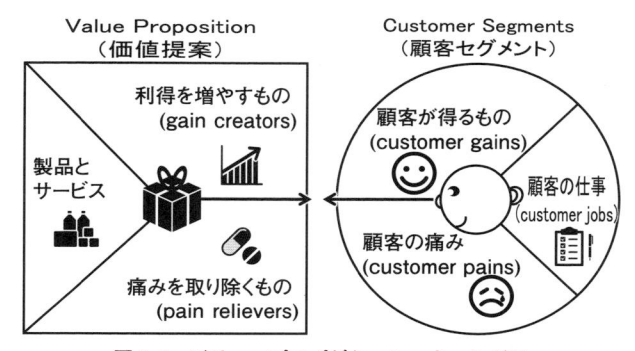

図8-4　バリュープロポジション・キャンバス

出所：Osterwalder et al.（2015）より筆者作成

の仕事」とは，顧客が成し遂げようとしている任務や解決すべき課題，実現したいニーズである。顧客セグメントで検討した内容を踏まえて，バリュープロポジションを導き出す。

　顧客セグメントの「顧客が得るもの」からは，顧客の「利得を増やすもの（gain creators）」を導出する。「顧客の痛み」からは，顧客の「痛みを取り除くもの（pain relievers）」として，顧客の痛み（悩み）を取り除くための具体的かつ必要不可欠な解決策を導き出す。何れの要素の導出においても，あらかじめ優先順位を付けておき，顧客のニーズや期待に応える具体的な方法を導出することが有効である。

　「利得を増やすもの」には機能的な利便性の向上やコスト削減策，期待を上回るサービスの提供等，多様な方法が考えられる。そして，これらの「利得を増やすもの」や「痛みを取り除くもの」を実現する「製品とサービス」を用意する。決して新たな製品やサービスありきの発想ではなく，あくまでも顧客の利得を増やし，痛みを取り除く手段として製品やサービスを創出する。以上のプロセスによって顧客に対するバリュープロポジションが明らかになる。

第3節　ビジネスモデルの構築

1.　ビジネスモデル・キャンバスの活用

　企業が新たなビジネスモデルを構築するためのフレームワークとして，ビジネスモデル・キャンバス（Business Model Canvas）がある。

　ビジネスモデル・キャンバスは，ビジネスモデルを9つの要素に分類し，それぞれの要素の関係性とともにビジネスモデルの全体像を俯瞰することができるフレームワークである。企業はビジネスモデル・キャンバスを活用することで，ビジネスモデルの全体像を把握するとともに共通フレームワークとしてビジネスモデルを比較することもできる。

2.　ビジネスモデル・キャンバスの構築プロセス

2-1.　外部環境：顧客に価値を届ける

　企業がビジネスモデルを構築するためのプロセス（順番）がある。企業はビジネスモデル・キャンバスの右側にある外部環境（顧客に価値を届ける側）から記述する（**図8-5**）。

① 顧客セグメント（CS：Customer Segments）

　顧客セグメント（CS）では，新たなビジネスモデルがターゲットとする顧客を定義する。顧客セグメントは，ビジネスモデルの構築において根幹となるため，複数の要素を持たせず，顧客セグメント単位でビジネスモデル・キャンバスを作成する。

② バリュープロポジション（VP：Value Propositions，価値提案）

　企業は設定した顧客セグメント（CS）をターゲットとして提供するバリュープロポジション（価値提案，VP）では，顧客に提供する価値を明確に提示する。

　①（顧客セグメント）と②（バリュープロポジション）は，先述（**図8-4**）のバリュープロポジション・キャンバスを活用して導き出すことが有効である。

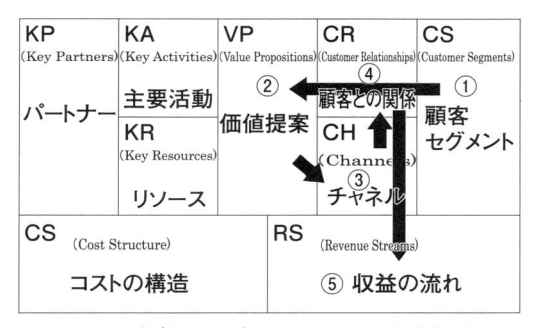

図 8-5　ビジネスモデル・キャンバスと外部環境

出所：Osterwalder and Pigneur（2010）より筆者作成

③ チャネル（CH：Channels）

　チャネル（CH）では，顧客に価値を届けるための提供方法について記述する。企業のチャネルの代表例は販売チャネルであり店舗やオンラインショップ等があてはまる。また，コミュニケーション・チャネルにおいては，新商品やサービスの知名度を向上するプロモーションのメディアや購入後のアフターサービスも対象となる。

④ 顧客との関係（CR：Customer Relationships）

　顧客との関係（CR）では，企業が顧客との関係性を獲得し，維持し，拡大するための方法について記述する。たとえば，顧客が購入後の商品やサービスに関するレコメンデーション（recommendation）を記入し共有できる環境の提供や，顧客同士のつながりを促進するユーザーコミュニティの環境を提供することで，顧客が新事業から提供される商品やサービスから離れられなくなる仕組みを構築する。

⑤ 収益の流れ（RS：Revenue Streams）

　企業が新たなビジネスモデルを実践し，商品やサービスを提供した後，顧客から得られる収益の流れ（RS）を記述する。収益の獲得方法は，商品やサービ

スの販売，サービスの利用料，定期的な購買契約，レンタル料，リース料，ラ
イセンス契約からの収入等，ビジネスモデルによって異なる。企業は，顧客に
提供している価値（バリュープロポジション）が収益につながるか，という視点
から，常に見直し検討する必要がある。

2-2. 内部環境：経営資源の整備

ビジネスモデル・キャンバスの左側では，新事業に必要不可欠となる自社の
経営資源を整備する（図8-6）。

⑥ 重要な経営資源（KR：Key Resources）

企業は新たなビジネスモデルにおいて重要な役割を担う主要な経営資源（KR）
を明確にし，整備する。重要な経営資源には，有形資産（建物，機械設備，基幹
システム等）だけでなく，知的資産，資金，人的資源等も対象となる。

⑦ 主要活動（KA：Key Activities）

主要活動（KA）は，企業が新事業のビジネスモデルを実行するために必ず行
わなければならない重要な活動を指す。製造業の企業であれば，製品の設計活
動，製造活動，保守・運用サービス等が主要活動になる。サービス業であれば，

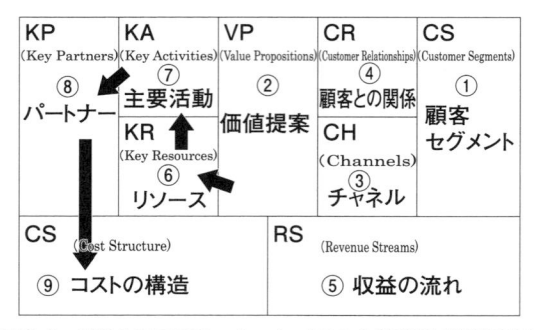

図8-6　ビジネスモデル・キャンバスと内部環境（経営資源）

出所：Osterwalder and Pigneur（2010）より筆者作成

顧客が抱える課題を解決するための活動が主要活動となる。

⑧ パートナー（KP：Key Partners）

企業が新たなビジネスモデルを実行するために，主要活動ではないが，顧客に価値を提供するために必要な機能をパートナーに担ってもらう。

オープンイノベーションやオープン＆クローズ戦略（第5章第3節）では，自社の強み（コア・コンピタンス）に魅力があれば，オープン領域にパートナーが集まる（第9章参照）。お互いの経営資源を補完し合う戦略的提携や，新事業のために共同で企業を立ち上げるジョイントベンチャー（joint venture），重要な資源のサプライヤー（suppliers）などがパートナー（KP）に該当する。

⑨ コスト構造（CS：Cost Structure）

企業が新たなビジネスモデルを実行し，事業を運営する上で発生するすべてのコストが対象となる。ビジネスモデルを構築する上で重要なポイントは，⑤の収益の流れ（RS）から⑨コスト構造（CS）を差し引くと利益が生まれることである。

以上のプロセスによって，ビジネスモデルを構築する。企業がビジネスモデル・キャンバスを活用する上での留意点は，企業は一旦，作成したビジネスモデルについて何度も議論し，ビジネスモデル・キャンバスを見直し，再作成することで，ビジネスモデルの完成度を高めることである。その際，企業はピクト図解を作成して，ビジネスモデルを俯瞰し確認する取り組みも有効である。

【参考文献】

Osterwalder, A. and Y. Pigneur（2010）*Business Model Generation: A Handbook for Visionaries, Game Changers, and Challengers.* John Wiley & Sons.（小山龍介訳『ビジネスモデル・ジェネレーション　ビジネスモデル設計書』翔泳社，2012年。）

Osterwalder, A., Y.Pigneur, G. Bernarda, and A. Smith（2015）*Value proposition design: How to create products and services customers want.* John Wiley &

Sons.（関美和訳『バリュー・プロポジション・デザイン　顧客が欲しがる製品やサービスを創る』翔泳社，2015 年。）

Porter, M. E.（1980）*Competitive Strategy: Techniques for Analyzing Industries and Competitors*, Free Press.（土岐坤・服部照夫訳『競争の戦略』ダイヤモンド社，1982 年。）

板橋悟（2010）『ビジネスモデルを見える化する　ピクト図解』ダイヤモンド社。

井上善海・黒澤佳子・田中克昌編著（2024）『事業創造入門』中央経済社。

小川紘一（2015）『オープン＆クローズ戦略—日本企業再興の条件　増補改訂版』翔泳社。

加護野忠男・井上達彦（2004）『事業システム戦略 - 事業の仕組みと競争戦略』有斐閣アルマ。

キリンホールディングス（2018）「30 年に及ぶ研究の集大成。DLC コーティングでバリア（遮断）性を高めた PET ボトルの開発と実用化」。

第9章 イノベーション

第1節 イノベーション

1. イノベーションとは

イノベーション（innovation）は，1920年代から1930年代にかけて生まれたキーワードである。イノベーションの重要性に関する議論は，シュンペーター（Schumpeter, 1926）が経済の発展には「新結合の遂行（Durchsetzung neuer Kombinationen）」を提唱したことから始まった。

新結合とは，「製品」「生産方法」「販売方法（マーケティング）」「取引先（サプライチェーン）」「組織」の5つの要素の革新とその組み合わせが経済に発展をもたらすとの提唱であった（表9-1）。

イノベーションという言葉が使用されるようになったきっかけは，シュンペーターの書籍がドイツ語から英語に翻訳された際，翻訳者（Opie, R.）がドイツ語の「neuerungen（革新）」から英語の「innovation」に翻訳したことから始ま

表9-1　新結合とイノベーション

	新結合 Schumpeter（1939）	OsloManual2005 OECDandEurostat（2005）
①	新しい生産物または生産物の新しい品質の創出と実現	プロダクト・イノベーション
②	新しい生産方法の導入	プロセス・イノベーション
③	新しい販売市場の創出	マーケティング・イノベーション
④	新しい買い付け先の開拓	組織イノベーション
⑤	産業の新しい組織の創出	

出所：Schumpeter（1926）と OECD and Eurostat（2005）より筆者作成

った (Schumpeter, 1934)。その後，シュンペーター自身もイノベーション (innovation) という語句を積極的に活用するようになった (Schumpeter, 1939)。

　また，イノベーションと類似した概念として，古いものを破壊し新しいものを創造して，絶えず内部から経済構造を革新する産業上の突然変異である創造的破壊 (creative destruction) を提唱した。シュンペーターは創造的破壊の議論を通じて，イノベーションとは長期の判断を経て，その成果から事後的に判断されるものであるとした (Schumpeter, 1950)。

　その後，ドラッカー (Drucker, 1954) は，事業のマネジメントとはマーケティングとイノベーションによって顧客を創造することであるとした上で，イノベーションとはより優れた，より経済的な財やサービスを創造することであると提唱した。ドラッカーはイノベーションを3種あげており，製品のイノベーション (product innovation)，社会のイノベーション (social innovation)，管理のイノベーション (managerial innovation) があるとした (Drucker, 1974)。

　以上の通り，シュンペーターやドラッカーはイノベーションを経済や社会にもたらす変化と捉えている。

2. イノベーションの普及

2-1. イノベータ理論 (イノベーションの普及曲線)

　シュンペーターやドラッカーの後，イノベーションは学術界，産業界とも大いに注目され，活用されるキーワードとなった。

　ロジャース (Rogers, 1962) は，製品やサービスが市場に浸透し，イノベーションとなるプロセスをイノベーションの普及曲線 (diffusion of innovation) として示した。ロジャースは，イノベーションとして普及するまでの消費者の層には5段階 (イノベータ，初期採用者，初期多数派，後期多数派，ラガード) があると示した上で，特に早期採用者を越えた段階を「クリティカルマス (critical mass)」とし，クリティカルマスを超えると，消費者によるそれ以降の採用が一気に加速するとした (図9-1)。

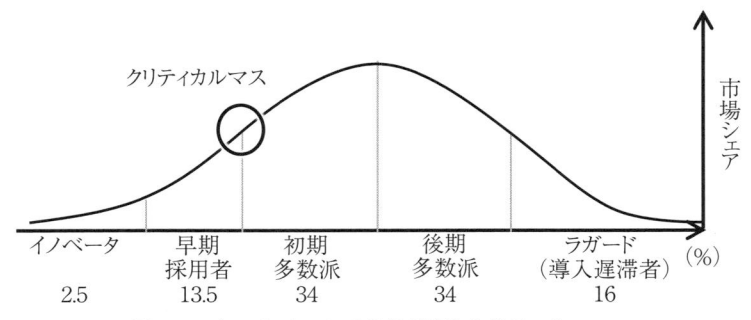

図9-1　イノベーションの普及過程とクリティカルマス

出所：Rogers（1962）より筆者作成

（1）イノベータ

　イノベータ（innovator）とは，最初に製品とサービスの変革を実現する消費者のグループである。全体の2.5％を占めるとされている。

（2）初期採用者

　初期採用者（early adopter）とは，誰よりも早く変化に気づき，すぐに採用する消費者のグループである。全体の13.5％を占めるとされており，この段階を超えると普及が加速するクリティカルマスに到達する。逆にこの段階まで市場に普及させることができなかった状況をテクノロジー企業ではキャズム（chasm，大きな溝）に落ちると言う（Moore, 1991）。

（3）初期多数派

　初期多数派（early majority）とは，初期採用者の採用後の動向を確認した後，早めに採用する消費者のグループである。全体の34％を占めている。

（4）後期多数派

　後期多数派は（late majority），初期多数派の動向には気づいているものの，慎重に考え，結果として採用が遅れる消費者のグループである。全体の34％

124

を占めている。

(5) ラガード／導入遅滞者

ラガード（laggards）とは，あえて最後まで採用の決断をしない消費者のグループである。全体の16%を占めている。

2-2. デジタル時代におけるイノベーションの普及

近年ではデジタル化が進展し，イノベータ理論（Rogers, 1962）の想定を超え，ビッグバン型の普及（Big-Bang Disruption）へと移行している（図9-2）。

ビッグバン型の普及においては，少数の試験利用者により完成の域に高まった新たな製品・サービスが，一気に市場の大多数に受け入れられるという普及が実現してしまう（Downs & Nunes, 2014）。

(1) 試験利用者（a few trial users）

デジタルに詳しく，新たなサービスを試験的に利用するユーザーの中でも先進的で詳しいリードユーザーの立場のグループである。試験利用した結果，新

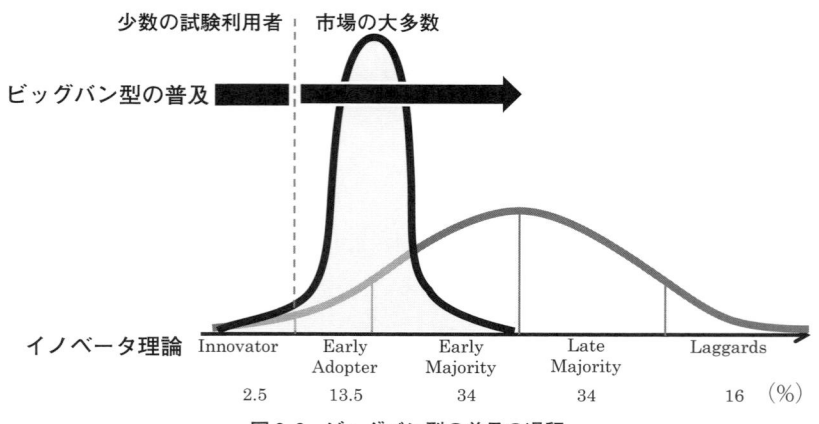

図9-2　ビッグバン型の普及の過程

出所：Rogers（1962），Downs & Nunes（2014）より筆者作成

サービスの魅力が高いと判断した場合，完成度を上げるために協力する。

(2) 市場の大多数 (the vast majority of the market)

先進的かつ市場の高い信頼を誇る試験利用者の貢献によって新たなサービスの完成度が上がったことを市場の大多数の消費者が認識すると，そのサービスを市場全体で一気に採用する。

3. 持続的イノベーションと破壊的イノベーション

3-1. 持続的イノベーション

企業が優良な顧客を確保し，その顧客に自社の製品を高価格で購入してもらっている場合，企業は常に従来よりも性能の優れた良質な製品を開発し続けることに集中する。企業がこのような状況を継続していることを持続的イノベーション (sustaining innovation) と言う (Christensen, 2003)。

持続的イノベーションを実現した企業は，優良顧客からの収益を拡大するため，既存の顧客が求めるハイエンド機能を越えても従来よりも優れた性能を追求しようとする。そのため，企業が提供する製品の性能が，市場や顧客の求めるハイエンド性能を越え，過剰な性能や品質になることがある。

3-2. 破壊的イノベーション

破壊的イノベーション (disruptive innovation) は，持続的イノベーションとは対極の位置付けにあり，市場における既存の製品やサービスの存在を破壊してしまう影響をもたらす。破壊的イノベーションには，「ローエンド型」と「市場創造型」の2つのタイプがある (Christensen, 2003) (**図 9-3**)。

(1) ローエンド型の破壊的イノベーション

ローエンド型の破壊的イノベーション (low-end disruption，以下，ローエンド型破壊) は，持続的イノベーションの在り方を否定するプロセスで進展する。まず，持続的イノベーションは顧客が求める以上のハイエンド性能を実現し，優良顧

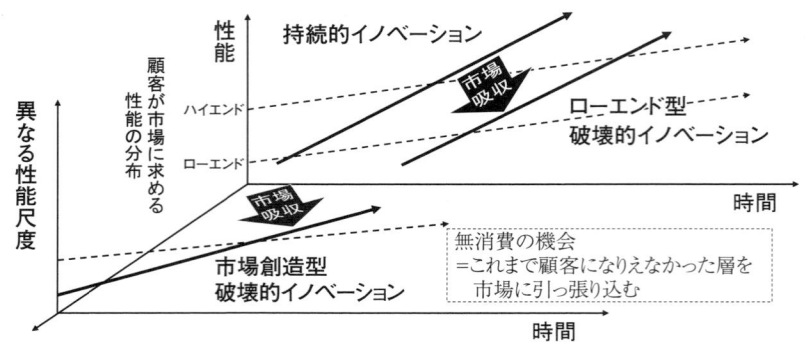

図9-3 持続的イノベーションと破壊的イノベーション

出所：Christensen（1997, 2003）をもとに筆者作成

客からより多くの収益を得ることを追求する。一方，ローエンド型破壊は，市場のローエンドで求められる性能を低価格で提供するところから始める。当初，持続的イノベーションを推進する企業は，ローエンド型破壊の事業を立ち上げた企業を競合とは認識していない。しかし，ローエンド型破壊を推進する企業は，徐々に低価格を維持しながら性能を向上する。最終的には，低価格かつハイエンドの性能を実現することで，持続的イノベーションを推進していた企業から市場を奪ってしまう。

　持続的イノベーションを推進していた企業は，途中からローエンド型破壊を起こす企業が迫ってくることは認識できるが，優良顧客からの高収益を逃すわけにはいかず，高価格かつハイエンド性能から脱却できない。この「わかっているけれども，持続的イノベーションをやめられない」状況をイノベーションのジレンマ（The Innovator's Dilemma）と言う。

(2) 市場創造型の破壊的イノベーション

　市場創造型の破壊的イノベーション（new-market disruption，以下，市場創造型破壊）は，新規参入者が既存企業の気づかぬうちに新市場を創出し，結果として新市場が既存企業の守ってきた市場を吸収し奪ってしまう。

　その際，無消費（non-consumption）に機会をもたらして対抗することが重要である。つまり，これまで顧客になり得なかった層を市場に引っ張り込む取り組みである。

第2節　イノベーション・マネジメント

1. イノベーションのプロセス

　イノベーションは，製品やサービスが市場に普及し，社会的または経済的な影響が確認された後，イノベーションであったと事後的に認識される。

　そこで，研究者がイノベーションとして認知された製品について，これを提供した企業の経営活動を積み重ね，経営活動に対する示唆として提唱したモデルが「A-U モデル（Abernathy and Utterback model）」であり，自動車産業等の製造業におけるイノベーションのプロセスとして提唱された。なお，A-U モデルはこの理論を提唱した2人の研究者の名前から名付けられた（**図9-4**）。

　A-U モデルは，製造業におけるイノベーションが，製品自体の機能や性能を革新するプロダクトイノベーション（product innovation）から始まり，市場において定型的なデザインを決定付けるドミナント・デザイン（dominant design）

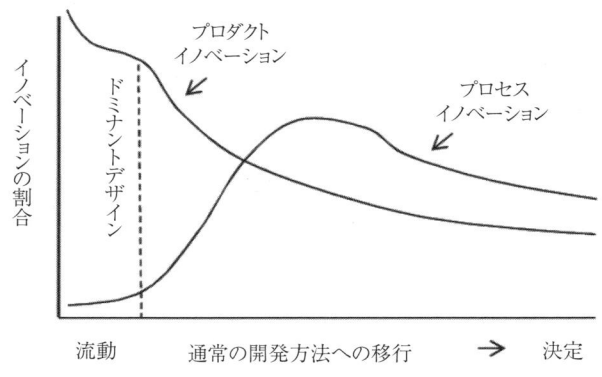

図9-4　イノベーションのプロセス（A-U モデル）

出所：Abernathy（1978），Abernathy & Utterback（1978）より筆者作成

が定着した後，製造方法の効率化等の革新であるプロセスイノベーション（process innovation）へと移行することでイノベーションを実現したというイノベーションのプロセス（過程）を提唱した（Abernathy and Utterback, 1978）。

2. イノベーション・マネジメント

　イノベーションは事後的に判断されるため，本来は製品やサービスの創出や販売においてマネジメントは困難である。しかし，後にイノベーションとして認識されるという前提でマネジメントを行うことはできる。ただし，企業はイノベーションを実現するために，3つの関門（魔の川，死の谷，ダーウィンの海）を越える必要がある（**図9-5**）。

2-1. 発明・創出と「魔の川」

　企業がイノベーションを実現する上で，まず技術を発明（invention）し，アイデアを創出する。しかし，発明やアイデアの創出自体はイノベーションではなく，イノベーションのきっかけになる要素である。

　ただし，現代では技術を発明しアイデアを創出すること自体も難度は高い。

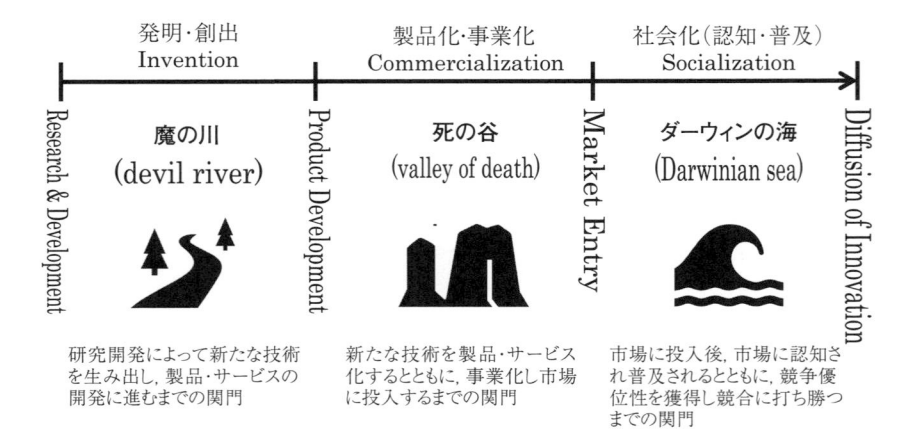

図9-5　イノベーションのプロセス

出所：近能・高井（2010），田中（2019）より筆者作成

そのため，企業は研究開発（R & D：Research and Development）によって新たな技術を生み出し，製品・サービスの開発に進むまでの関門を魔の川（devil river）と言う。企業がイノベーションを実現するためには新たな技術や事業アイデアを生み出し，魔の川を越える必要がある。

2-2.　製品化・事業化と「死の谷」

　新たな技術やアイデアを生み出しただけではイノベーションにはならない。技術やアイデアをもとに製品化や事業化（commercialization）を進めるため，製品開発（product development）を行い，新製品の市場投入（market entry）を図る。

　ただし，優れた技術やアイデアだからとはいえ，優れた製品や事業になるとは限らない。そのため，企業は市場調査やマーケティング等を徹底的に行う。新たな技術を製品・サービス化するとともに，事業化して市場に投入するまでの関門を死の谷（valley of death）と言う。企業がイノベーションを実現するためには事業化を成し遂げ，死の谷を越える必要がある。

2-3.　社会化（認知・普及）と「ダーウィンの海」

　企業が市場に新製品を投入し，新事業を始めただけではイノベーションとは言えない。その新事業や新製品が市場から認知され，市場に十分に普及することで，経済的または社会的に変革をもたらしたと認知された場合，イノベーションが実現したことになる。

　優れた製品や事業であっても，市場に認知され，十分に普及するとは限らない。そこで，企業が新事業や新製品を市場に投入後，それが市場に認知され普及され社会に影響をもたらす（socialization）とともに，競争優位性を獲得し競合に打ち勝つまでの関門をダーウィンの海（Darwinian sea）と言う。

　企業は，ダーウィンの海を越えて市場に認知され普及を果たすとイノベーションとして認知される。ただし，企業が十分に競争優位性を確保できていない場合，市場からその事業領域や製品領域自体はイノベーションとして認知されても，自社が生き残るとは限らないため，企業は競争優位性を確保するよう十

分に注意する必要がある。

第3節　価値共創と普及のプロセス

1．オープンイノベーションの進展

1-1．オープンイノベーションとは

　オープンイノベーション（open innovation）とは，企業が外部と連携することで，自社では思い付かない新たなアイデアや技術を活用し，製品やサービスの開発時間や人件費，研究開発の効率向上等を目的とした取り組みである。また，企業はオープンイノベーションによって，自社で埋もれていたアイデアや技術を外部で活用してもらえるというメリットもある。

　オープンイノベーションは当初，製品開発の領域のみが対象であり，企業内部（自社）のアイデア・技術と外部（他社）のアイデア・技術とを有機的に結合させ価値を創造することと定義された（Chesbrough, 2003）。その後，オープンイノベーションが市場に普及し進展することで，市事業拡大の領域まで拡大し，知識の流入と流出を自社の目的にかなうように利用して社内イノベーションを加速するとともに，イノベーションの社外活用を促進する市場を拡大することへと定義が拡大された（Chesbrough, 2006）。なお，オープンイノベーションの対極にある考え方にクローズド・イノベーションがあり，すべてを自社内で完結して価値を創出しようとする取り組みである。

1-2．オープンイノベーションの進展

　オープンイノベーションは，チェスブロウが提唱した後，市場において進展している（**表9-2**）。

　当初，オープンイノベーションは，企業間での1対1の取り組みと考えられてきた。その後，欧州委員会（European Union）は，オープンイノベーション2.0（Open Innovation 2.0）を掲げ，ユーザー起点による多対多の取り組みによる社会課題の解決を掲げた。

表9-2　オープンイノベーションの進展

	オープンイノベーション	オープンイノベーション 2.0	オープンイノベーション 3.0
背　景	オープンイノベーションの概念（チェスブロウ）に注目（2003 年〜）	政府レベルでオープンイノベーション 2.0（欧州委員会）を提唱（2013 年〜）	ビッグデータや AI・IoT の急激な進化により民間が主導（2015 年〜）
目　的	自社にない技術や資源を有する他社と協業し，イノベーションを実現	ユーザーのニーズを起点に社会課題に対し，コミュニティから解決を図る	全体最適の視点でよいサービスを作り上げる
連　携	1 対 1 で協業	多対多の連携	1 対多の連携
主導役	企業	ユーザー，複数の企業やコミュニティ	大企業がインテグレーター役となり，産学官を越え連携
メンバー	企業，大学，研究機関等，多様な組織と協業する	企業，大学・研究機関，政府・自治体，市民・ユーザーなど多層的な連携・共創	大企業のデジタルプラットフォームが多様な事業体に事業拡大をもたらす

出所：European Union（2013）より筆者作成

　さらに，オープンイノベーション 3.0（Open Innovation 3.0）が，IT 系の民間企業から提唱された。この概念では，大手 IT 企業が構築したデジタルプラットフォームに多様な事業体が連結し，エコシステム（ecosystem，生態系）としてサービスを作り拡張していった。

　このように，オープンイノベーションは企業間の取り組みから政府を巻き込み，デジタル空間まで連携の対象を広げ，解決すべき課題も企業の収益性や効率の向上にとどまらず，社会課題の解決にまで広がっている。

1-3. オープン & クローズ戦略

　企業は，オープンイノベーションを経営戦略に取り込むことで，事業成長を実現することができる。その中でも，企業のオープン領域とクローズ領域を組み合わせ，普及と高収益を同時に実現する戦略をオープン & クローズ戦略と言う（小川，2015）。

　企業のオープン領域とは，他の組織の力を借りる領域である。他の企業，官

公庁・自治体，金融機関，ユーザー（企業との共同開発に参画するユーザー，リードユーザー）と組むことで自社だけは実現が困難な領域への参入や，自社の弱みを補完することができる。

　企業のクローズ領域とは，自社で担う事業の中核領域であり，コア・コンピタンスを発揮する領域である。実は，オープンイノベーションやオープン＆クローズ戦略の実現において，自社にしかできないという魅力のある領域がないとオープン領域に仲間が集まらないことに注意すべきである。

2. ユーザーイノベーション

2-1. ユーザーイノベーションとは

　オープンイノベーション 2.0 において主導役となったのは，ユーザーであった。デジタル化の進展とプラットフォームの整備は，ユーザーがイノベーションの主体者になる上で強力な補完要素となった。

　フォン・ヒッペル（von Hippel, 2005）は，ネット環境が整うことで，ユーザーは誰でもイノベーションの主体者になれると論じ，ユーザーによるイノベーションの創出をイノベーションの民主化（Democratizing innovation）と表現した。ユーザーイノベーションのメリットは，ユーザーのニーズを十分に把握していないメーカーに（ユーザーの）不完全な代理人として行動してもらわなくとも，ユーザー自身が望むものを正確に作ることができることであるとした。

2-2. リードユーザー

　ユーザーイノベーションの中心になるユーザーを，リードユーザー（Lead user）と言う。リードユーザーには，2つの条件がある（von Hippel, 2005）。

(1) リードユーザーの第1条件

　リードユーザーの1つ目の条件は，市場動向に対して，大多数のユーザーに先行しているユーザーであることである。リードユーザーは率先して市場の変化を体験することを望むため，イノベーションにつながる変革を他のユーザー

よりも先に経験することになる。

(2) リードユーザーの第2条件

　2つ目の条件は，リードユーザーが市場に先行して変革を体験することで，リードユーザー自身のニーズを満足させるための解決策を得るとともに，リードユーザー本人が最も高い利益を得る存在であることである。リードユーザーは，自分自身の便益を追求した結果，他のユーザーの役に立つことになる。

2-3.　ユーザーイノベーションの類型

　ユーザーイノベーションには，3つのタイプがある（Arnkil et al., 2010）。

　1つ目は，ユーザー自身が主導するイノベーションであり，ユーザーが製品やサービスを開発するタイプ（design by user）である。2つ目は，企業がユーザーとともに製品やサービスを開発するタイプ（design with user）である。3つ目は，企業がユーザーの求める製品やサービスをユーザーに代わって開発するタイプ（design for user）である。これらは，ユーザーが企業に参画するイノベーションや，企業がユーザーを志向するイノベーションである。

　つまり，リードユーザーでなくとも，あるいは，ユーザーが自分自身で作った製品やサービスでなくても，ユーザーが開発に積極的に関与することでイノベーションの実現にかかわることができる。

3.　イノベーションと新事業創出のプロセス

　企業は，オープンイノベーションとユーザーイノベーションを経営戦略に組み込むことで事業を創出し事業成長を実現できる（**図9-6**）。

　企業は「価値共創」のフェーズにおいて，標的市場のユーザーを事前に確保し，製品開発に積極的に参画させることで標的市場の需要を確保することができる（**図9-6**の①）。同時に，企業は強みのある領域に特化（クローズ領域）し，自社では対応できない，あるいは弱みとする領域を外部企業に委託（オープン領域）するというオープン＆クローズ戦略を実践する（**図9-6**の①'）。

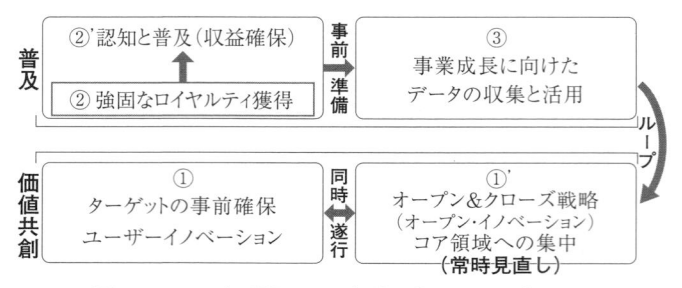

図9-6　ユーザー関与による価値共創と普及のプロセス

出所：田中（2021）より筆者作成

　企業は「普及」フェーズにおいて，リードユーザーの製品開発への参画やユーザーの志向に寄り添った製品の開発により，強固なロイヤルティを持つユーザーを育成し確保することで，ユーザーを強力な情報発信源として活用することができる（**図9-6の②**）。事前確保したユーザーからの強固なロイヤルティがあるからこそ，製品を普及させるためのマーケティング施策において，ユーザーが信頼性の高い情報を拡散し，これに企業のプロモーション施策を組み合わせることで製品の急速な普及と収益を両立できる。

　また，「普及」フェーズにおいて，ユーザーを参画させることによるオープンイノベーションがもたらすビッグバン型の普及は，リードユーザーに製品開発の当事者として参加感を与え，強固なロイヤルティを植え付け，強固なロイヤルティを持ったリードユーザー群が，情報発信源として能動的で強力な情報発信を拡大し，その真実性を受け取った市場の大多数であるユーザーコミュニティが製品を渇望することで，急速な普及が実現し，事業成長と社会的影響をもたらすという自律的なプロセスを生み出すことができる（**図9-6の②'**）。

　次の事業成長に向けてデータを継続的に収集し活用する仕組みも確保する（**図9-6の③**）。ここからの新たなデータをもとに価値共創とその普及というプロセスを循環させることで，企業は持続可能な事業成長を果たすことができる。

【参考文献】

Abernathy, W. J. and K. B. Clark (1985) Innovation: Mapping the winds of creative destruction, *Research Policy* 14：3-22.

Abernathy, W.J. (1978) *The Productivity Dilemma: Roadblock to Innovation in Automobile Industry*, Johns Hopkins University Press.

Abernathy, W.J. and J.M. Utterback (1978) Patterns of industrial innovation, *Technology Review*, June/July 80(7)：40-47.

Chesbrough, H. (2003) *Open Innovation: The New Imperative for Creating and Profiting from Technology*, Harvard Business School Press.（大前恵一朗訳『OPEN INNOVATION』産業能率大学出版部，2004年。）

Chesbrough, H. (2006) *Open Innovation: Researching a new paradigm*, Oxford University Press.（長尾高弘訳『オープンイノベーション：組織を超えたネットワークが成長を加速する』英治出版，2008年。）

Christensen, C. M. (1992a) Exploring the limits of the technology S-curve. Part I: Component technologies. *Production and Operations Management*, 1(4)：334-357.

Christensen, C. M. (1992b) Exploring the limits of the technology S-curve. Part II: Architectural technologies. *Production and Operations Management*, 1(4)：358-366.

Christensen, C. M. (1997) The innovator's dilemma: When new technologies cause great firms to fail. Boston: Harvard Business School Press.（伊豆原弓訳『イノベーションのジレンマ——技術革新が巨大企業を滅ぼすとき』翔泳社，2001年。）

Christensen, C. M., & Raynor, M. E. (2003) The Innovator's Solution: Creating and Sustaining Successful Growth. Boston: Harvard Business School Publishing.（櫻井祐子訳『イノベーションへの解』翔泳社，2003年。）

Christensen, C. M., Anthony, S. D., & Roth, E. A. (2004) *Seeing What's Next: Using theories of innovation to predict industry change.* Harvard Business School Publishing.（櫻井祐子訳『イノベーションの最終解』翔泳社，2014年。）

Downes, L. and Nunes, P. (2014) *Big Bang Disruption: Strategy in the Age of Devastating Innovation*, Portfolio.

Drucker, P. F. (1954) The Practice of Management, , Harper & Row Publishers.（上田惇生訳『[新訳] 現代の経営（上）（下）』ダイヤモンド社，1996年。）

Drucker, P. F. (1974) Management, Harper & Row Publishers（野田一夫・村上恒夫監訳『マネジメント（上）（下）』ダイヤモンド社，1974年。）

Europian Union (2013) *Open Innovation 2.0 Yearbook 2013*.

Moore, J. A. (1991) Crossing the Chasm: Marketing and Selling H igh-Tech Products to Mainstream Customers, Harper Business Essentials. (川又政治翻訳『キャズム』翔泳社, 2002 年。)

Rogers, E. (1962) *Diffusion of Innovations*, Simon and Schuster. (藤竹暁訳『技術革新の普及過程』培風館, 1966 年。)

Rogers, E. (2003) Diffusion of Innovations Fifth Edition, Simon an Schuster. (三藤利雄訳『イノベーションの普及』翔泳社, 2007 年。)

OECD & Eurostat (2005) *Oslo Manual guidelines for collecting and collecting and interpreting innovation data 3rd Edition*, OECD Publishing.

OECD & Eurostat (2018) *Oslo Manual guidelines for collecting, reporting and using data on innovation 4th Edition*, OECD Publishing.

Schumpeter, J. A. (1926) *Theorie der Wirtschaftlichen Entwicklung*, 2 Aufl. Duncker and Humblot (1st ed. 1912). (塩野谷祐一・中山伊知郎・東畑精一訳『経済発展の理論』岩波書店, 1937 年（単行本）, 1977 年（文庫本）。)

Schumpeter, J. A. (1928) *Unternehmer, Handworterbuch der Staatswissenschaften.* (清成忠男編訳『企業家とは何か』「第 1 章 企業家」, 東洋経済新報社, 1998 年。)

Schumpeter, J. A. (1934) *The Theory of Economic Development, translated from the German by Redvers Opie*, Harvard University Press.

Schumpeter, J. A. (1939) *Business Cycles: A Theoretical, Historical, and Statistical Analysis of the Capitalist Process, 2 vols.* McGraw-Hill Book Company, Ink. (吉田昇三監修・金融経済研究所訳『景気循環論』有斐閣, 全 5 冊, 1958-1964 年。)

Schumpeter, J. A. (1950) *CAPITALISM, SOCALIZM AND DEMOCRACY, 3rd ed.*, Harper & Brothers (1st ed. 1942, 2nd ed. 1947). (中山伊知郎・東畑精一訳『資本主義・社会主義・民主主義』全 3 巻, 東洋経済新報社, 1951 年（改訂版 1962 年）。)

Utterback, J. M. and Abernathy, W. J. (1975) A Dynamic Model of Process and Product Innovation, *Omega*, 3：639-656.

Utterback, J. M. (1994) *MASTER THE DYNAMICS OF INNOVATION*, Harvard Business School Press. (大津正和・小川進訳『イノベーション・ダイナミクス―事例から学ぶ技術戦略』有斐閣, 1998 年。)

von Hippel, E. (1988) *The Source of Innovation*, Oxford University Press. (榊原清則訳『イノベーションの源泉 真のイノベーターはだれか』ダイヤモンド社, 1991 年。)

von Hippel, E.（2005）*Democratizing Innovation*, The MIT Press.

von Hippel, E.（2017）*Free innovation*, The MIT Press.

井上善海・黒澤佳子・田中克昌編著（2024）『事業創造入門』中央経済社。

小川紘一（2015）『オープン＆クローズ戦略—日本企業再興の条件 増補改訂版』
　翔泳社。

近能善範・高井文子（2010）『コア・テキストイノベーション・マネジメント』新
　世社。

田中克昌（2019）『戦略的イノベーション・マネジメント』中央経済社。

田中克昌（2021）「ユーザー関与によるオープンイノベーション」『経営教育研究』
　25（1）：21-31。

第*10*章　成長戦略とグローバル化

第1節　成長戦略

1. 成長戦略とは

1900 年代に経営学が誕生した後，経済成長を前提に効率的な大量生産やそれに見合った組織体制の構築を中心に発展してきた。しかし 1970 年代から 1980 年代にかけて，米国等の先進国を中心に経済成長が鈍化し，市場に製品が飽和するとともに，企業自体の存在にも余剰感が生まれ始めた。この時代に企業は経済成長を前提としない企業自身の力で生き残る戦略として，生存戦略を検討する必要が生じた。そこで企業が注目した戦略が成長戦略である。

企業の成長戦略とは，外部環境である経済成長に頼らず，自らの戦略により経済環境とは一線を画して，自社自身が成長し持続可能であり続ける戦略である。競争戦略は，成長戦略に包含される戦略であり，成長し生存し続けるために競合企業と市場及び顧客を獲得するための競争を仕掛け，独自の競争優位性を確保することで，競争に打ち勝ち事業成長を目指す戦略である。

今後も経済環境は常に不透明であり，単純な経済成長は望めず，デジタル化の進展に伴い創造的破壊が繰り返される経営環境において，企業にとって成長戦略は重要な位置付けを占め続ける。

2. 内部成長

成長戦略における内部成長とは，企業が自らの経営資源を活用して成長する戦略である。企業は，自らの経営資源を活用して成長を志向し，優秀な人材を増やすための人材投資として，採用，人材育成を戦略的に実施する。新たなサ

ービスを企画し創出するためにも優秀な人材の確保は成長戦略に欠かせない要素である。また，企業は製品を作るための機械や設備，工場を建設するための土地に投資を行う。企業にとって設備投資は巨額となることが多く，長期的な製品戦略や販売戦略の視点から戦略を練る必要がある。

内部からの成長戦略は企業のミッションを実現する上で，直接的に検討できるメリットがある。一方，成長のために多額の投資が必要であり，時間も要する点に注意が必要である。

3. 外部成長

企業における外部成長とは，自社の資源だけでなく，他社の経営資源を積極的に活用することで急速な事業成長を目指す戦略である。

3-1. M&A

企業の外部成長の方法の代表例に，M&A (Mergers and Acquisition) がある。M&Aとは企業が他の企業を合併や買収することである。企業はM&Aによって，買収先の企業に蓄積された経営資源やノウハウを手に入れることができる。企業にとっては自社で育成する時間や工場の建設，設備の設置等の時間が省けるため，「時間を買う」と表現される。

たとえば，ディズニー (Disney) のロバート・アイガー (Robert Iger) CEO は，CEO 就任後，ピクサー (PIXAR)，マーベル (MARVEL)，ルーカスフィルム (LUCUS FILM)，21世紀フォックス (21st Century Fox)，hulu 等を買収 (M&A) することで，巨大メディア企業となり，ディズニープラス (Disney＋) という動画配信サービスに発展させ，ディズニーグループの成長を実現した。M&A は，通常，敵対的買収 (TOB：Takeover Bid，株式公開買付け) で行われることが多いが，ディズニーは，アイガー CEO と買収先の企業の経営者が友好的な関係を築き，あたかも事業承継を行うような形で M&A を実現したところに大きな特長がある (Iger, 2019)。

3-2.　戦略的提携

　外部成長の手段である戦略的提携（strategic alliance）は 2 社以上の企業が経営資源を補完するために協力しあう経営活動である。その際，戦略的提携に取り組む企業は独立性を維持したまま，特に企業間で出資することもなく，お互いの同意にもとづいて，企業の経営資源やノウハウを活用し合うことができる。戦略的提携には以下の類型がある。

　① 販売委託：販売関連の業務を戦略的提携先に任せる。
　② 生産委託：生産関連の業務を戦略的提携先に任せる。
　③ 技術ライセンス：他社に自社の技術の使用を許可し，対価を受け取る。
　④ 共同開発：他社と共同でお互いの強みを持ち寄ることで製品開発を行う。
　⑤ 合弁会社：他社と共同で出資し，新会社を設立する。

　なお，戦略的提携はオープンイノベーションと類似した戦略である。オープンイノベーションは当初，1 対 1 での戦略的提携と同様の考え方（オープンイノベーション 1.0）であったが，オープンイノベーション 2.0 からは多対多の連携も対象としており，より広域の概念となっている。

3-3.　シナジー効果

　戦略的提携を推進した結果，企業が期待する効果にシナジー効果（synergy effect）がある。シナジーは生物学の用語であり，動作を行うとき数十もの筋肉が連携して動く筋肉間の協調性を示す言葉である。戦略的提携がもたらすシナジー効果にも以下の類型がある。

　① 販売シナジー：流通経路やマーケティング活動の統合から相乗効果を得る。
　② 生産シナジー：設備の共同利用，原材料の一括仕入れ等から相乗効果を
　　　　　　　　　　得る。
　③ 投資シナジー：類似製品の研究成果等の統合から相乗効果を得る。
　④ 経営シナジー：事業戦略，業務，管理等の経験の統合から相乗効果を得る。

第2節　製品・市場のマトリクス

1.　製品・市場のマトリクスとは

アンゾフ（Anzoff, 1957）は，企業が事業を拡張するための戦略の方向性として製品・市場のマトリクス（Product-Market Expansion Grid）を提唱した。

製品・市場のマトリクスでは，企業の事業拡張の方向性について，市場浸透戦略，市場開発戦略，製品開発戦略，多角化戦略の4つの方向性を示している（**表 10-1**）。

表 10-1　製品・市場のマトリクス

製品 / 市場	既存製品	新製品
既存市場	市場浸透戦略	製品開発戦略
新　市　場	市場開発戦略	多角化戦略

出所：Ansoff（1957）より筆者作成

2.　事業拡張の方向性

2-1.　市場浸透戦略

市場と製品のマトリクスにおける市場浸透（market penetration）戦略とは，既存市場と既存製品のままで事業の拡張を図る戦略である。既存顧客が現在の製品を購入する回数と量を増大させなければならない。そのため，企業は競合企業から顧客を奪取することや，既存製品をまだ購入していない人を顧客にするための取り組みが必要になる。

たとえば，コンビニでは，入口付近にいれたてのコーヒーを提供するコーナーを設け，顧客を店内に誘導し，コーヒーを目当てに来店した顧客がその他の商品も購入することで売上高の増大を図る。

2-2. 市場開発戦略

　市場開発（market development）戦略とは，新規市場を開拓し既存の製品を売り込むことで事業の拡張を図る戦略である。企業が既存製品を従来とは異なる地域や顧客層に販路を拡大する。

　たとえば，企業は国内向け製品の海外展開や，既存製品に別の用途を見いだすことで新しい顧客層を開拓することができる。

　また，刃物メーカーの事例では，きざみ海苔を切るための 5 連ハサミを，携帯できるシュレッダーとして売り出したところ，売上高が 20 倍になった。この事例は，同じ製品に別の用途を見いだし，食品市場からセキュリティ市場へと市場を拡張することに成功した。

2-3. 製品開発戦略

　製品開発（product development）戦略とは，既存市場に新製品を展開することで事業拡大を図る戦略である。企業は現在のターゲット顧客に新製品を購入してもらうために，魅力ある新製品の開発や，既存製品の品質や性能の改良等の取り組みを通じて，戦略の実現を図る。

2-4. 多角化戦略

（1）多角化戦略とは

　多角化（diversification）戦略とは，製品・市場のマトリクスにおける 4 つ目の事業拡張の方向性である。これは，新市場に新製品を提供することで事業拡大を図る戦略である。前節で論じた製品・市場のマトリクスの他の 3 つの事業拡張の方向性は，製品及び市場に既存の要素があったため，企業にとっては取り組みやすい。

　一方，多角化戦略は製品，市場ともに新規領域であるため，取り組むハードルが高く，企業にとっては難度が高い戦略である。そのため，企業は多角化戦略において M&A 等の経営資源やノウハウを獲得する外部成長の戦略によって実行することが多い。

144

(2) 多角化戦略の類型

多角化戦略には，2つの類型がある。垂直多角化戦略と水平多角化戦略である。垂直 (vertical) とは，サプライチェーンにおける業務の川上から川下をあらわし，水平 (horizontal) とは，関連事業の広がりをあらわしている。

① 垂直多角化戦略

垂直多角化戦略とは，企業が自社の業務担当領域を拡大し，サプライチェーンの多くの領域を自社で一貫して担当するために業務領域を拡張する戦略である。

たとえば，ユニクロやGU等のブランドを運営しているファーストリテイリングは，製造小売業 (SPA：Speciality store retailer of Private label Apparel) を展開しており，素材研究開発や調達，企画，商品開発，製造，物流，販売，在庫管理等，製造から販売までのすべての工程を一貫して行うことで，企業としての対応能力を拡張している。

② 水平多角化戦略

水平多角化戦略とは，企業が持つ技術や能力を活かし，新たな製品事業を獲得し，新たな市場へと拡張し続ける戦略である。大手企業が資金力を活かしたM&Aにより水平多角化戦略を実現する。

たとえば，ディズニーは，アニメーションの領域からキャラクターグッズ，動画配信サービス，テーマパーク，ホテル事業等を展開し，さらにアメリカ市場からアジア市場やヨーロッパ市場にも展開する等，自社の強みを活かした水平多角化戦略により新たな事業領域に拡大を続けている。

第3節　グローバル戦略

1．グローバル経営とは

1-1．グローバリズムとグローバリゼーション

グローバリズム (globalism) とは，地球を1つの共同体とみなし，世界の一体

化を図る思想である。国境の枠を越えて，経済，政治，文化などを地球規模で
拡大させる考え方をあらわす。

　一方，企業はグローバル化において，海外市場に 2 方向から同時に取り組む
ことになる。1 つ目は，グローバリゼーション（Globalization）である。グローバ
リゼーションとは，企業が海外に移転した状態を指す。2 つ目は，ローカライ
ゼーション（Localization）であり，海外の現地に適応した状態を示している。こ
の 2 つの状態を同時に実現することをグローカリゼーション（Glocalization）と
呼ぶ。

　つまり，企業はそれぞれのグローバリズム（思想）の在り方によって，自国
以外の多様な国や地域に進出し，多様なグローカリゼーション（状態）を目指
すことになる。

1-2.　グローバル化のプロセス

　企業は海外に事業を拡大する際，本社のある地域から，他の国へと活動拠点
を拡大しグローバル化を進める。企業のグローバル化へのプロセスは，4 段階
からなる。

　第 1 段階は，輸出である。この段階では生産拠点は国内であり，製品も国内
と同じ製品を海外に輸出し，現地の販売店に販売してもらう。

　第 2 段階は，販売拠点の設置である。この段階では生産拠点は国内のままで
あり製品も国内と同一ではあるが，企業は海外で自社の製品を直接販売するた
め，販売拠点を設置する。

　第 3 段階は，生産拠点の設置である。企業はこの段階において現地に生産設
備を設置して現地で雇用し，現地で生産する。

　第 4 段階は，現地企業化である。現地に生産拠点を設置した後，現地で独自
に製品を開発し，生産から販売まですべて現地の拠点で実施できるようになる。

1-3.　理想のグローバル企業

　バートレットとゴシャール（Bartlett and Ghoshal, 1989）は，企業がグローバル

化する上での理想形をトランスナショナル企業（超国籍企業，transnational company）と呼んだ。トランスナショナル企業の条件は，3つである。

(1) 地球規模で経営効率と競争優位性を追求

トランスナショナル企業は，通信・交通を利用し，国境を越えて経営資源を獲得する。地球規模でスケールメリットを生かし，経営効率を高める。

(2) 現地での対応力と柔軟性

トランスナショナル企業は，文化の差，現地の市場や組織に合わせ柔軟に対応する。

(3) 本社と現地での市場間交流による知の共有と組織学習

トランスナショナル企業は，経営資源を有効に活用するため，世界に広がった組織間でナレッジを共有し，組織で学習する。

2. 国家間の差異の分析と活用

2-1. 国ごとの隔たりを活かす戦略

ゲマワット（Ghemawat, 2001）は，企業が自国以外の国家で経営を行う際，国家間の隔たりを分析するためのフレームワークとして CAGE フレームワーク（The CAGE Distance Framework）を提唱した。

CAGE とは文化（Cultural），政治（Administrative），地理（Geographic），経済（Economic）の4つ頭文字であり，その隔たり（distance）から影響される産業や商品について提唱した。

(1) 文化的な隔たり

文化的な隔たり（Cultural distance）とは，国ごとに，言語，民族性，社会的ネットワーク，宗教，社会規範に隔たりがある。言語の影響が大きい商品（ソフトウェア等）や，消費者の文化的かつ国家的アイデンティティに影響する商品

（食品等），品質が特定の国と結びついている商品（ワイン等）がある。

(2) 政治的な隔たり

　政治的な隔たり（Administrative distance）とは，国ごとに，通貨，政治的な関係，政府の方針，社会制度の整備状況に隔たりがある。産業によっては政府からの介入の強さによって，企業の事業活動に影響をもたらす。

(3) 地理的な隔たり

　地理的な隔たり（Geographic distance）とは，国ごとに，物理的な距離，国境，国の大きさ，交通の便，通信環境，気候に隔たりがある。企業にとっては商品の壊れやすさ，腐敗しやすさ，コミュニケーションと通信手段が事業活動に影響をもたらす。

(4) 経済的な隔たり

　経済的な隔たり（Economic distance）とは，国ごとに，消費者の所得レベルや，天然資源・人的資源・資金・社会インフラ・情報や知識に必要なコストや質の隔たりがある。企業は経済的な隔たりによって，需要特性への対応やコスト対応力が求められる。

2-2. ３つのグローバル戦略

　ゲマワット（2007）は，企業がグローバル戦略を統合するためのフレームワークとしてトリプル A トライアングル（the AAA Triangle）を提唱した。

　トリプル A トライアングルは「適応（Adaption）戦略」「集約（Aggregate）戦略」「アービトラージ（裁定取引，Arbitrage）戦略」の３つの戦略の頭文字を取って名付けられたグローバル戦略のフレームワークである。

　３つの戦略は対立する要素があり，それぞれの戦略に合わせた組織体制も構築する必要があるため，同時に実行することは困難である。そのため，企業は３つの戦略から１つ選択するか，融合（適応と集約，集約とアービトラージ等）す

るか，自社に最適な戦略を実行することになる。

(1) 適応 (Adaption) 戦略

　適応戦略とは，企業が国ごとの市場への取り組みを強化することで売上高と市場シェアを増やし競争優位を獲得する戦略である。この戦略において企業は，各国単位で必要なすべての業務を現地法人で担わせる。

(2) 集約 (Aggregate) 戦略

　集約戦略とは，企業が複数の国を１つの市場とみなし，グローバル規模の経営活動によって規模の経済を追求し競争優位を獲得する戦略である。この戦略において企業は，製品やサービスを標準化し，開発と生産のプロセスを統合し効率的に事業成長を目指す。

(3) アービトラージ (裁定取引，Arbitrage) 戦略

　アービトラージ戦略とは，企業がサプライチェーンを構成する各要素をそれぞれ異なる国に対して，文化・政治・地理・経済の差異を踏まえて配置することで，国や地域を単位とする市場間の差異を活用し，競争優位を獲得する戦略である。

3. 多国籍企業の組織モデル

3-1. 多国籍企業の4種の組織モデル

　バートレットとゴシャール (Bartlett and Ghoshal, 1989) は，多国籍企業の組織モデルとして，4種の組織モデルを提唱した (**図 10-1**)。

　この組織モデルでは，縦軸にグローバルでの統合，横軸にローカル (現地) への適応の高低によって，「インターナショナル (international) 企業」「グローバル (global) 企業」「マルチナショナル (multinational) 企業」「トランスナショナル (transnational) 企業」の4つのモデルがある。

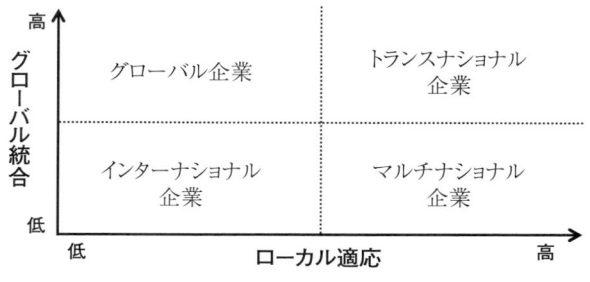

図 10-1　多国籍企業の組織モデル

出所：Bartlett and Ghoshal（1989）より筆者作成

(1) インターナショナル企業の組織モデル

　インターナショナル企業の組織モデルでは，重要な経営資源への投資等の意思決定の権利は親会社に集中する。経営者は海外での事業運営を国内の事業の付属物のように見ている。

(2) グローバル企業の組織モデル

　経営者はグローバル企業の組織モデルにおいて，世界の市場を単一と見ており，規模の経済で効率性を高める。権限を本社に集中しており，海外子会社の権限はとても小さい。

(3) マルチナショナル企業の組織モデル

　経営者はマルチナショナル企業の組織モデルにおいて，国や地域ごとに異なるニーズに対応するため，それぞれの国の海外子会社が独立的に事業を行う。経営者は国ごとに独立したビジネスを連結するのみである。

(4) トランスナショナル企業の組織モデル

　経営者はトランスナショナル企業の組織モデルにおいて，海外子会社は自立し，独自の専門能力を活かせるようになる。本社と海外子会社は，双方向で連携し，本社は調整・統制を行う有機的な関係が構築されている。

【参考文献】

Anzoff, H. I.（1957）Strategies for Diversification, *Harvard Business Review*, September-October 1957.（DIAMOND ハーバード・ビジネス・レビュー編集部訳『多角化戦略の本質』ダイヤモンド社，2010 年。）

Anzoff, H. I.（1965）*Corporate Strategy; an analytic approach to business policy for growth and expansion*, McGraw-Hill.（広田寿亮訳『企業戦略論』産業能率大学出版部，1969 年。）

Bartlett, C. A. and Ghoshal, S.（1989）*Managing Across Borders: The Transnational Solution*, Harvard Business Review Press.（吉原英樹監訳『地球市場時代の企業戦略：トランスナショナルマネジメントの構築』日経 BP マーケティング，1990 年。）

Drucker, P. F.（1974）*Management*, Harper & Row Publishers.（野田一夫・村上恒夫監訳『マネジメント（上）（下）』ダイヤモンド社，1974 年。）

Ghemawat, P.（2001）Distance Still Matters. The Hard Reality of Global Expansion, *Harvard Business Review*, 79（8）：137-147.

Ghemawat, P.（2007）Managing Differences The Central Challenge of Global Strategy, Harvard Business Review, 85（3）：58-68.

Iger, R.（2019）*The Ride of a Lifetime; Lessons Learned from 15 Years as CEO of the Walt Disney Company*, Random House.（関美和訳『ディズニー CEO が実践する 10 の原則』早川書房，2019 年。）

李雪（2009）「アメリカにおける SPA モデルの生成と発展 ―ギャップの事例研究―」『早稲田商学』第 420・421 合併号：127-169.

索　引

【著者略歴】

田中　克昌（たなか かつまさ）

現職：文教大学経営学部経営学科准教授
前職：NEC（日本電気㈱）経営企画職・管理職
学位：博士（経営学，東洋大学）
資格：中小企業診断士，2030SDGs 公認ファシリテーター，など
所属学会：日本マネジメント学会 常任理事，経営行動研究学会
　　　　　理事，など
主要論文：
　"Green Transformation and Punishment in the Machinery
　Manufacturers: Focus on the Supply Chain of Taiwan's IT
　Industry", International Journal of Organizational Innovation,
　17(2)，50-60, 2024. (ICOI (International Conference of
　Organizational Innovation) 2024, Best Papers Award 受賞) など
主要著書：
　『戦略的イノベーション・マネジメント』（中央経済社，2019 年）
　（2020 年 電気通信普及財団「第 35 回テレコム社会科学賞奨励
　賞」受賞）など

実学一体　経営戦略論

2025年 4 月10日　第 1 版第 1 刷発行　　　　　　　　　〈検印省略〉

著　　者　田中　克昌

発行者　　田中　千津子　　〒153-0064　東京都目黒区下目黒3-6-1
　　　　　　　　　　　　　　　　　電話　03（3715）1501（代）
発行所　株式会社 学 文 社　　FAX　03（3715）2012
　　　　　　　　　　　　　　　https://www.gakubunsha.com

ISBN 978-4-7620-3427-5